무슨 일이 일어났는지는 아무도

무슨 일이
일어났는지는
아무도

—

김영하
소　설

문학동네

로봇

출근길의 지하철에는 언제나처럼 사람이 많았다. 비에 젖은 우산들이 맹렬하게 비린내를 내뿜어대면 이에 질세라 승객들의 입에선 역겨운 군내가 풍겨나와 전동차 속의 공기는 탁해져갔다. 수경의 옆에 선 남자는 그 와중에도 한 손으로 손잡이를 잡은 채 끄덕끄덕 졸고 있었다. 남자는 자기가 들고 있는 축축한 우산이 지하철이 흔들릴 때마다 수경의 종아리를 건드리고 있다는 걸 모르고 있었다. 수경은 애써 몸을 피해보지만 상황은 나아지질 않는다. 그녀는 포기했다는 듯 고개를 젓는다. 그러곤 아무에게도 들리지 않을 작은 목소리로 중얼거려본다. 삶이란 별게 아니다. 젖은 우산이 살갗에 달라붙어도 참고 견디는 것이다. 그렇게 말하고 나자 한결 견딜 만했다. 잊어버리지 않도록 그녀는 그 문구를 계속 되뇌었다. 삶, 젖은 우산, 살갗, 참고 견딘다. 삶, 젖은 우산, 살갗, 참고 견딘다……

지이잉. 전동차의 문이 열린다. 그녀는 완강하게 버틴 두 남자 사이를 뚫고 간신히 승강장으로 내려선다. 휴. 자기도 모르게 한숨이 나온다. 그녀는 '회현'이라는 역명이 커다랗게 쓰인 벽 앞으로 가 의자에 앉는다. 그러곤 핸드백에서 작은 자주색 수첩을 꺼내 조금 전 생각해낸 경구를 적어넣는다. 삶이란…… 젖은 우산…… 참고 견디는 것. 수첩 속에는 수많은 경구들이 깨알 같은 글씨로 적혀 있다. 소설에서 베낀 것도 있고 오늘처럼 스스로 생각해낸 것도 있지만 애써 구별하지는 않는다. 시간이 지나면 둘의 구분이 모호해지기 때문이다. 예를 들어, '사랑할 시간이 있을 때 사랑하라. 사랑할 시간이 없을 때에는 더더욱 사랑하라' 같은 구절은 스스로 생각해낸 것인지 아니면 어디서 받아적은 것인지 알 수 없었다. 그녀는 수첩을 핸드백에 다시 집어넣고 자리에서 일어나 개찰구를 향해 또각또각 걸어올라갔다.

승객들이 한차례 빠져나간 개찰구는 한산했다. 그녀는 핸드백에서 교통카드가 들어 있는 지갑을 꺼내며 판독기 앞으로 다가갔다. 누군가 건너편에서 자신을 뚫어져라 쳐다보고 있었다. 최근에 새로 설치된 개찰구들은 나가는 곳과 들어오는 곳의 구분이 명확하지 않았다. 이쪽에서도 나갈 수 있었고 저쪽에서도 들어올 수 있었다. 아마도 군중의 흐름을 유연하게 소화하려는 목적이겠지만 가끔 이렇게 들어오려는 사람과 나가려는 사람이 같은 통로 앞에서 마주치는 당혹스러운 상황이 생기기도 했다. 그녀는 개찰구 건너편에서 자신을 바라보고 있는 남자에게, 양보

하겠다는, 그러니 먼저 들어오라는 사인을 보냈지만 남자는 들어오려고 하지 않았다. 그렇다고 다른 개찰구로 움직이거나 하지도 않았다. 단지 그녀를 멍하니 바라보고 있을 뿐이었다. 수경은 뭔가 상쾌한 것이 자신의 몸을 통과해가는 느낌에 그 자리에 얼어붙었다. 백화점 입구의 에어커튼에 갑자기 노출됐을 때와 같은 기분이었다. 자신을 응시하고 있는 이십대 초반의 그 남자는 믿을 수 없이 맑은 눈동자를 가지고 있었다. 여주인공을 사랑하는 착하디착한 순정만화 속의 캐릭터를 연상시키는 사람이었다. 그들은 여주인공을 너무도 사랑하여 여주인공이 다른 남자의 품에 안기는 것마저도 이해하고 용서하면서, 언제든지 그 남자가 싫어지거든(그런 순간이 오지 않을 것을 알면서도) 자신에게 돌아오라고 말한다. 언제든 네 그늘이 되어줄게. 그들은 이런 식으로 말한다. 물론 그늘은 그냥 그늘로 끝나고 사랑스럽고 아름다운 그녀들은 그 그늘로는 결코 돌아오지 않는다.

수경은 남자의 시선을 비켜 옆 개찰구를 지나 역 구내를 빠져나간다. 남자는 그때까지도 물끄러미 그녀를 바라보고 있다가 그녀가 움직이기 시작하자 머뭇머뭇 그녀를 뒤따르기 시작한다. 그녀의 발걸음은 반사적으로 빨라졌다. 이런 일이 흔하지는 않았지만 그렇다고 아예 없지도 않았다. 이십대 초반쯤에는 이렇게 따라온 남자와 커피도 마시고 했지만 뒤끝은 좋지 않았다. 남자들은 가벼운 모험이 성공하면 지나치게 흥분하는 경향이 있는 것 같았다. 그녀는 그의 눈에 비칠 뒤태에도 신경을 쓰면서

재빨리 계단을 올라갔다. 백 미터만 걸으면 회사였다. 나쁜 사람 처럼 보이지는 않았어. 게다가 지금은 출근시간이잖아. 백주대 낮이고. 그러니 별로 걱정할 일은 없을 거야. 숨이 가빠 걸음을 늦추는 순간 남자가 그녀를 가로막고 섰다. 그녀는 짐짓 화난 얼굴을 지어 보였다.

뭐예요?

남자는 얼른 대답하지 않고 그녀를 잠시 응시했다. 마치, 우리 는 너무 오랫동안 만나지 못했잖아, 라고 말하는 것 같았다. 혹 은, 왜 날 알아보지 못하지, 라고 책망하는 듯한 눈길 같기도 했 다. 남자가 입을 열었다.

저도 잘 모르겠습니다. 지하철역에서 당신을 보는 순간, 제 내 부의 뭔가가 움직였습니다. 당신과 말하고 싶고 당신의 말을 듣 고 싶고 당신과 함께 있고 싶다는 생각이 들었습니다.

선량하고 맑게 생긴 남자가 너무도 진지하게 말하고 있어 그 녀는 하마터면, 그럼 그래요, 라고 할 뻔했다. 물론 그녀는 그렇 게 말하지 않았다. 대신, 죄송합니다, 바빠서요, 라고 대답하고 는 회사를 향해 걸었다. 그녀의 등뒤에선 더이상 발소리가 들리 지 않았다. 건물 정면의 회전문을 밀고 들어가다가 수경은 잠시 멈칫거렸다. 그렇지만 무심한 회전문은 망설이는 그녀를 회색 빌딩 안으로 쑤욱 밀어넣었다.

빌딩 속에는 전혀 다른 세계가 그녀를 기다리고 있었다. 검은 대리석과 세련된 매입등, 검은 옷을 입은 경비업체 직원들이 이

빌딩이 싸구려가 아니라는 걸 보여주고 있었다. 재계 순위 3위의 대기업 계열사와 자본금 규모 세계 100위권의 은행 지점, 그리고 고급 이탈리안 레스토랑이 입주해 있는 빌딩이었다. 지하에는 매점이나 문구점 같은 작은 매장들이 들어서 있었다. 그녀의 사무실은 일층에 있었다. 정문으로 들어오시면 오른쪽으로 스튜어디스 인형 보이실 거예요. 그쪽으로 오시면 됩니다. 그녀는 사무실을 찾아오는 손님들에게 그렇게 설명하곤 했다. 안이 훤히 들여다보이는 통유리창, 등신대의 항공사 승무원 인형, 그리고 유니폼을 입은, 인형보다 못생긴 여자들. 통유리 위에는 '홀리데이 투어'라고 쓰인 필름이 붙어 있다. 그렇다. 우리의 그녀는 그 속에서 일한다. 그 속에서 그녀는 누군가의 휴가를 위해 전화를 걸고 자판을 두드리고 예약확인서를 끊어준다. 그러곤 선물이라는 듯, 살짝 웃어준다.

김수경씨. 인터폰에서 그녀의 이름이 울려나오자, 그녀는 자기도 모르게 미간을 찌푸린다. 들릴 듯 말 듯 한숨을 폭 쉬고 오른손으로 볼펜을 몇 번 똑딱거리고 자판 위의 스페이스바를 신경질적으로 두드리다가 자리에서 일어난다. 의자 뒤로 돌아 사무실의 가장 뒤쪽에 자리잡은 작은 방의 문을 연다. 감색 정장에 하얀 셔츠를 입은 남자가 빤히 그녀를 바라보고 있다. 부르셨어요? 명패 뒤에서 사장이 환하게 웃고 있다. 이렇게 찾아와주니 얼마나 반가운지 모르겠다는 표정이다. 그러나 수경은 따라 웃지 않는다. 단지 이렇게 말한다. 부르셨어요? 젊은 사장은,

평소 스스로를 대단히 매력적인 남자라고 믿어 의심치 않는 이 남자는, 꼭 무슨 일이 있어서라기보다, 라고 말하며 어깨를 으쓱한 후 자리에서 일어나 수경에게 다가온다. 수경은 자기도 모르게 몸을 움츠린다. 사장은, 수경의 머리카락을 매만지며 말한다. 비 많이 오나봐? 수경은 대답하지 않는다. 이어 사장의 손가락은 수경의 목덜미를 더듬는다. 비 오니까, 사장의 입김이 귓가에 느껴진다. 땡기지? 수경은 눈을 질끈 감는다. 사장은 그런 그녀가 귀엽다는 듯 낄낄거리며 웃는다. 인생은 젖은 우산을 견디는 것. 인생은 젖은 우산을 견디는 것. 인생은 젖은 우산을 견디는 것. 그녀는 아침에 생각해둔 경구를 되뇌며 그 순간을 견딘다. 그렇게 딴생각을 할 때 괄약근을 조이는 것은 수경의 비밀스런 버릇이었다. 그렇게 하면 세상의 모든 나쁜 것들이 자신의 몸속으로 들어오지 못하리라는 이상한 확신이 그녀에게는 있었다. 사장은 눈을 감고 있는 그녀의 젖꼭지 부분을 마우스를 클릭하는 정도의 힘으로 톡 치며 마지막 한마디를 던진다. 저녁 비워놔. 오랜만에 한 게임 뛰어야지?

사장실 문을 닫고 나오는 순간 몇몇 직원들의 눈이 자신에게로 와서 꽂히는 것을 그녀는 바로 느낀다. 왜 그 눈길의 의미를 모르겠는가. 이 작디작은 회사에서 그녀와 사장의 관계는 명백해진 지 이미 오래다. 어째서 둘의 휴가기간이 같은지 직원들은 잘 알고 있다. 휴가를 떠난 뒤 자판 몇 번만 두드려보면 그들이 어떤 비행기표를 끊어서 어디로 향하고 있는지도 알 수 있는 직장이었다. 물론 사장은 그런 시선에 개의치 않았다. 문제는 그녀였다. 동료들은 적어도 겉으로는 결코 그녀를 따돌리지 않았다. 점심시간이 되면 함께 팔짱을 끼고 근처 식당들을 순례했고 오후에 누가 간식거리를 사오거나 하면 그녀에게도 공평하게 나눠주었다. 그런데도 그녀는 혼자라는 느낌에서 벗어날 수가 없었다. 그러니까 이런 식이었다. 점심시간이 시작하는 열두시에 그녀가 자기 자리에 앉아 있으면 동료들은 주저 없이 그녀를 데리고 나갔다. 그렇지만 그때 잠시라도 자리를 비우면 동료들은 단일 분도 기다려주지 않았다. 회식자리에서도 그녀가 있다고 해서 특별히 분위기가 가라앉거나 하지는 않았다. 그렇지만 어쩐지 자신이 그들의 가장 재미난 화제를 빼앗아 움켜쥐고 있는 듯한 느낌을 받곤 했다.

어쩌다 이렇게 되어버렸을까. 어쩌다 누군가의 '한 게임'이 되어버렸을까. 일기장에 아름다운 문구를 적어넣던 소녀는 어디로 가버렸을까. 착하고 잘생긴 남자와 함께 사랑의 모험을 떠나려던 여자아이는 어디에 숨어 있는 걸까. 아니, 그것까지는 바라지도 않았다. 그저 선량하고 평범한 직장인과 할인쿠폰을 모아 피자를 사먹고 생일이면 그에게 시집을 선물하는, 그런 삶이면 족했는데. 수경의 상념은 길게 이어지지 않는다. 전화벨이 쉴새없이 울려댔기 때문이었다.

네, 손님. 비자는 저희가 신청해드리겠습니다. 항공권은 오후에 택배로 부쳐드릴 거구요. 네, 확인해드리겠습니다. L.A. AL 709편,

28일 오전 열시 삼십분, 인천공항 출발이구요. 네, 네. 돌아오는 건 L.A.에서 4일, 오후 네시 십오분 비행깁니다. 네, 걱정 마세요. 문제 생기면 저희 수신자부담 전화번호, 네, 항공권 봉투에 적혀 있거든요, 그쪽으로 연락주세요. 전화를 끊으면 옆자리의 직원이 수화기를 들고 그녀를 빤히 쳐다보고 있었다. 언니, 7번 전화예요. 그녀가 7번을 누르면 새로운 손님이 그녀를 기다리고 있었다. 사람들은 계속 어디론가 떠났다. 출장, 신혼여행, 배낭여행, 친지방문…… 목적들도 다양했다. 사장은 빌딩 입주자들이나 상대하는 정도로는 만족하지 않았다. 그는 인터넷이나 전화를 통해 할인항공권을 대량으로 팔아치우는 일 쪽으로 사업영역을 확장하고 있었다. 그 때문에 그녀는 더욱 바빠졌다. 처음엔 날마다 목이 쉬었다. 이제는 많이 익숙해졌지만 사람과 일에 지쳐 주말이면 침대에 누워 꼼짝도 못할 때가 많았다. 그러나 설령 일이 이보다 두 배, 세 배 힘들었다 해도 아마 그녀는 견뎌냈을 것이었다. 고등학교만 졸업한 그녀로선 이렇게 근사한 빌딩으로 출근한다는 것부터가 매력적이었다. 후, 그녀는 짧은 한숨을 토했다. 옆자리의 동료가 힐끗 그녀의 한숨을 살핀다. 마치 그 한숨에서 무슨 가루라도 떨어져 책상을 더럽힐까봐 걱정하는 눈빛이었다. 인조눈썹을 길게 이어붙인 그 동료는 같은 빌딩에 있는 은행 직원과의 결혼을 앞두고 있었다. 수경과 말을 섞으면 부정을 타리라는 계시라도 받은 것처럼 업무에 꼭 필요한 말 이외에는 건네지 않았다. 동료의 약혼자는 매일같이 유리벽 너머에 모습을 드러냈다. 인조눈썹은 약혼자의 방문을 자랑스러워하는 눈치였지만 남자는 피곤한 기색이 역력했다. 어찌됐든 그들은 열흘 후엔 각기 검은 옷과 흰 옷을 입고 주단이 깔린 예식장으로 걸어들어가리라.

어느새 수경은 손톱을 물어뜯고 있었다. 잘근잘근 집요하게 검지와 중지의 손톱에 집중하고 있는 그녀 앞에 누군가가 나타났다. 할 수 없이 그녀는 행복한 유희를 멈추었다. 그녀는 고개를 들며 인사를 하다가 입을 다물었다. 아침에 지하철역에서 마주친 남자, 순정만화의 착한 조연이 거기 서 있었다.

아니, 여기에 왜? 여기 오시면 안 되는데. 그녀의 목소리는 때마침 조용하던 사무실의 공기를 가볍게 흔들어놓았다. 옆자리의 동료들이 일제히 수경과 남자를 힐끔거렸다. 그녀의 얼굴이 화끈 달아올랐다. 남자는 엉거주춤하게 선 채로 말했다. 바보처럼 보인다는 거 압니다. 남자는 지하철역에서처럼 그녀를 응시하면서 또박또박 자신이 해야 할 말을 했다. 시간을 내달라, 이야기를 하고 싶다, 당신을 만나지 않으면 머릿속이 이상해져버릴 것 같다, 고 했다. 언젠가 그런 남자들에 대해서 들은 적이 있었다. 그들은 수경처럼 손님을 상대하는 서비스직 여성만 노린다고 했다. 백화점의 점원, 은행의 창구직원 들이 그들의 단골이라고 했다. 업무 특성상 끈질기게 구애하는 남자에게 함부로 화를 낼 수 없다는 점을 악용하는 자들이었다. 물론 여행사에도 가끔 그런 남자들이 있었다. 비행기를 예약하면서 여자도 꼬시면 금상

첨화지, 라고 생각하는 치들이었다. 그러나 그들조차도 이 남자처럼 저돌적이지는 않았다.

어느새 수경의 뒤에는 호기심에 가득 찬 남자 직원들 몇몇이 마치 호위병이라도 되는 듯 몰려와 서 있었다. 그래도 그는 당황하지 않았다. 단지 사슴처럼 맑고 선량한 눈길로 그녀의 자비를 구하고 있었다. 그녀는 더이상 이 불편한 긴장을 견딜 수 없었다. 죄송합니다. 도대체 무슨 말씀이신지 모르겠습니다. 지금 업무중이거든요. 좀 나가주셨으면 좋겠습니다. 남자는 두말없이 자리에서 일어나 슬픈 얼굴로 유리문을 열고 밖으로 나갔다. 그가 나가자 그녀의 뒤에 서 있던 호위병들은 아쉬운 듯 입맛을 다시며 자기 자리로 돌아갔고 옆자리의 동료 여직원들은 일제히 수화기를 들고 어딘가로 전화를 걸었다. 사무실은 다시 장바닥처럼 시끄러워졌다. 수경의 눈길은 빌딩의 정문을 향해 걸어나가고 있는 남자를 좇고 있었다. 나쁜 사람인 것 같지는 않았어. 그런 사람이었다면 이렇게 노출된 장소에 나타나지도 않았을 거야. 어쩌면 남모르는 사정이 있었을지도 모르잖아. 수경은 자리에서 일어나 밖으로 걸어나갔다. 전화 통화하는 소리들은 여전히 요란했지만 그들의 눈길은 일제히 그녀의 등과 뒤통수에 날아와 꽂혔다. 남겨진 그들은 서로 은밀한 미소를 나누었다. 그러곤 다시 그들의 일상 속으로 돌아갔다.

수경은 회전문을 밀고 나가 막 길을 건너려던 남자를 따라잡았다. 여보세요. 남자가 그녀의 모습을 보고 활짝 웃었다.

도대체 저하고 무슨 얘기를 하시겠다는 거예요?

저도 잘 모르겠어요. 그냥 마음이, 제 마음이 이상해요.

남자는 '마음'이라는 단어에 유독 힘을 주었다. 마치 그것이 십이지장이나 콩팥과 같은 무슨 장기라도 되는 것처럼.

무슨 일이신지 모르겠지만, 정 그러시다면 제가 시간을 한번 내볼게요. 수경의 말에 남자는 반색했다. 둘은 장소와 시간을 정한 후 돌아섰다. 남자가 가벼운 발걸음으로 횡단보도를 걸어가다가 몇 번이고 뒤를 돌아다보는 것을 수경은 거울 코팅이 된 빌딩의 유리로 슬쩍 볼 수 있었다.

아, 내가 도대체 무슨 일을 저지른 걸까. 그녀는 빌딩 지하에 있는 문구점으로 내려가 필요도 없는 포스트잇 한 무더기와 펜을 사서 다시 일층으로 올라갔다. 흰 비닐봉지를 들고 사무실로 돌아오는 그녀를 대놓고 바라보는 사람은 아무도 없었다. 모두들 무심한 태도로 자기 일에 열중하고 있었지만 그녀는 어느 때보다도 강렬한 모두의 시선을 느꼈다. 그녀는 봉지 속의 포스트잇 하나를 꺼내 옆자리의 동료에게 건넸다. 많이 사왔는데, 하나 줄까? 인조눈썹은 대답 대신 포스트잇이 가득한 자신의 서랍을 열어 보이며 부드럽지만 차갑게 사양했다.

퇴근시간이 되자 그녀는 휴대폰의 전원을 껐다. 잠시 후 기분 좋게 주차장을 나서다가 사장은 분통을 터뜨릴 것이다. 감히 전화를 꺼? 애꿎은 자동차 핸들에 화풀이를 하다가 다음날 아침 빌려간 돈 삼천만원은 도대체 언제 갚을 수 있는 거냐고 따져올 것이다. 이상하기도 하지. 빌려온 돈은 아무리 벌어도 줄어들지 않았다. 월급에다가 잠자리에서 사장이 찔러주는 몇십만원의 용돈까지 꼬박꼬박 모아봐도 생활비와 동생의 재활치료비를 내고 나면 이자 갚기도 벅찼다.

사장은 언젠가 자랑스럽게 떠들어댔다. 여자하고 아무 말썽 없이 헤어지는 법이 뭔지 알아? 간단해. 돈을 주는 거야. 이상하게도 돈을 주면 뒤끝이 없어. 여자 때문에 나중에 고생하는 놈들, 막판에 돈 몇 푼을 아껴서 그러는 거야. 안 받으려는 여자? 몰래라도 찔러줘야 돼. 그럼 절대 뒤탈이 없지.

수경은 생각했다. 아마 그런 얘기까지 듣고도 돈을 받는 여자는 흔치 않을 거야. 하지만 난 받아. 창녀여서가 아니라 그 인간하고 나중에 뒤끝이 없기를 바라기 때문이야. 돈을 받으면 거래가 종결됐다는 느낌이 드는데, 그게 마음이 편했다. 때로 사장의 그 자신감이 놀라워서, 그리고 그것에 아무 상처도 줄 수 없음이 서러워서, 그가 집어준 돈을 아무렇게나 탕진해버리기도 했지만 그런다고 그녀가 돈을 받고 몸을 준다는 명백한 현실이 달라지는 것은 아니었다.

유리문을 열고 나서자 강한 바람이 얼굴을 할퀴고 지나갔다. 평소엔 가깝게 보이던 건너편 건물의 옥외전광판이 오늘따라 멀고 흐릿해 보였다. 황사 중대경보. 전광판 위로 뉴스가 흐르고 있었다. 각급 학교 휴교. 아침엔 비가 오더니 오후엔 황사가 거리를 뒤덮고 있었다. 돌풍은 거리의 비닐봉지들을 여기저기로 날려보냈고 사위는 오밤중처럼 어둑했다. 그녀는 빌딩과 빌딩 사이를 바라보았다. 모래폭풍이 부는 도시라니. 멋진걸. 목이 칼칼해지는 걸 느끼면서도 그녀는 황사라는 자연현상에 매혹되었다. 황사는 평등했다. 황사는 어디에나 있었고 그것 때문에 모두가 함께 고통을 겪었다. 실로 공평한 재난이었다. 먼지는 일억원이 넘는 고급 승용차의 보닛 위에도, 오십만원짜리 스쿠터 위에도 모두 내려앉았다. 황사가 지나가는 동안엔 멋진 빌딩도 화려한 쇼윈도도 모두 별볼일없었다. 며칠 전 TV의 저녁뉴스에 등장한 앵커는 우스꽝스러울 만큼 심각한 표정으로 타클라마칸 사막에서 거대한 모래폭풍이 불었노라고, 그리고 그 모래폭풍이 곧 황사가 되어 베이징과 한반도를 덮치리라고 보도하고 있었다. 그 순간 그가 다가올 재난을 경고하는 광야의 예언자처럼 보였다.

수경은 심호흡으로 바깥 공기를 들이마셨다. 얼마나 멋진 일인가. 타클라마칸 사막 같은 데에는 가본 적도 없고 앞으로도 영원히 그럴, 수경 같은 이에겐 이것만이 사막을 경험할 수 있는 길이었다. 황사가 더 많이 몰려와 서울 전역을 숨조차 쉬기 어려운 누런 황무지로 만들어버리면 얼마나 멋질까. 사람들은 그제야 타클라마칸이 여기서 그리 멀지 않음을 알게 될 것이다.

돌아나올 수 없는.

타클라마칸의 뜻이 그렇다고 했다. 한번 들어가면 돌아나올 수 없는. 돌아나올 수 없는. 두 번을 되뇌고 그녀는 다시 하늘을 본다. 눈이 아파오고 목이 칼칼했다. 그녀는 약속장소를 향해 걸었다.

남자는 먼저 와 있었다. 오셨군요. 수경은 말없이 앉아 다가오는 종업원에게 커피를 시켰다. 남자는 오래 생각하더니 맥주를 주문했다.

저는 이문상이라고 합니다.

남자가 먼저 자기 이름을 밝혔다. 수경은 테이블 위에 자기 이름의 자모들이 흩뿌려져 있기라도 한 것처럼 고개를 숙인 채 주저하며 한 자 한 자를 작은 목소리로 말했다. 커피와 맥주가 나오고 나서도 한참이나 두 사람 모두 입을 떼지 않았다. 이윽고 그가 입을 열었다.

혹시 로봇 3원칙에 대해서 아세요? 로봇 3원칙이요? 그녀가 되물었다. 그렇습니다. 로봇 3원칙. 일평생 그녀는 로봇에 대해 관심을 가져본 적이 단 한 번도 없었다. 남동생이 어렸을 적 로봇장난감을 좋아하긴 했었다. 동생은 싫증 한번 내지 않고 끝없이 로봇의 몸을 비틀고 구부리고 때로 해체했다가 다시 결합시켰다. 때로 로봇은 자동차나 미사일로 몸을 바꾸기도 하였다. 변신, 어쩌면 아이들이 로봇을 좋아하는 진정한 이유는 바로 그것 때문일지도 몰랐다. 약한 그들은 끊임없이 변신을 꿈꾼다. 더 강한 자로, 더 유연한 자로, 그리고 더 힘센 자로. 로봇을 좋아하던 동생은 교통사고를 당해 경추를 다쳐 지금은 휠체어에 의존하고 있었다. 다리를 잃은 대신 바퀴를 얻은 것이다.

아이작 아시모프가 밝힌 거지요. 제1조, 인간을 해쳐서는 안 된다. 제2조, 인간의 명령에 복종해야 한다. 단 1조에 어긋나는 경우는 제외한다. 제3조, 위 두 원칙을 위배하지 않는 범위 내에서 스스로를 지켜야 한다. 이것을 아이작 아시모프의 로봇 3원칙이라고 부릅니다. 수경은 고개를 갸웃거렸다. 그게 저와 무슨 상관이 있나요? 남자는 진지한 어조로 이야기를 계속한다. 처음엔 그냥 SF단편소설의 소재 정도였던 이 로봇 3원칙은 이후 실제 로봇 제작에도 적용될 정도로 중요한 것이 되었습니다.

수경은 남은 커피를 다 마셔버렸다. 골치 아픈 남자를 만난 것이다. 로봇에 빠져 있는 공학도 혹은 과학소설 마니아가 분명했다. 자기가 아는 것들을 주절거리고 싶어 안달난 치들. 이상하게 수경에겐 그런 남자들이 꼬였다. 수경은 자신의 어떤 면이 그런 이들을 끌어들이는 것일까를 생각하고 있었다. 남자의 말은 계속 이어진다.

그런데 이 3원칙이 딜레마에 빠질 때도 있습니다. 아시모프도 그런 상황을 설정했지요. 사람의 마음을 읽는 로봇이 있다고 칩시다. 그 로봇에게 한 남자가 다가가 동료 여승무원이 자신을 사랑하느냐고 물어봅니다. 로봇은 그 여자가 이 남자를 사랑하지 않는다는 걸 잘 알고 있습니다. 그렇지만 로봇은 말할 수가 없습니다. 그녀가 그를 사랑하지 않는다는 사실을 알려주면 그가 자살해버릴 가능성이 있기 때문입니다. 로봇은 그 남자의 마음도 읽고 있죠. 만약 그가 자신의 말 때문에 죽어버린다면 그것은 '인간을 해쳐서는 안 된다'는 제1조에 위배되는 것이죠.

그래서 로봇은 진실을 말하지 않습니다. 그러나 이 남자는 어서 대답을 하라고 로봇을 다그칩니다. 인간의 명령에 복종하라는 제2조를 생각하면 명령을 따라야 하지만 그렇게 하면 결과적으로 1조를 위반하게 됩니다. 화가 난 이 남자가 로봇에게 빨리 말을 안 하면 폭파시키겠노라고 협박합니다. 제3조를 기억하십니까? 1조와 2조에 위배되지 않는 범위 내에서 자신을 지켜야 한다. 그러나 이 로봇은 자신을 지킬 수 없습니다. 왜냐하면 그녀가 그를 사랑하지 않는다는 진실을 얘기하면 1조를 어기게 되고 그녀가 그를 사랑한다고 거짓말을 하면 진실을 말하라는 인간의 명령을 어긴 셈이 되니 2조 위반입니다. 그러니 이 로봇은 스스로 자폭하는 것밖에는 수가 없습니다.

수경은 짜증이 나기 시작했다. 저녁도 못 먹고 피곤한데 이런 헛소리를 계속 듣고 있어야 할까? 그녀는 핸드백을 가슴 쪽으로 끌어안으며 조심스럽게 물었다. 저 실례지만 아침부터 이 로봇 3원칙 말씀하시려고 절 쫓아다니신 건가요? 비아냥거릴 뜻은 아니었지만 사람에 따라서는 그렇게 받아들일 수도 있는 말이었다. 그러나 그는 전혀 기분 나빠하지 않았다. 발표된 지 오십 년이나 지난 원칙이지만 여전히 흥미로운 구석이 있지 않습니까? 그녀는 핸드백을 만지작거리며 그 남자에게 이제는 그만 가봐야겠다는 사인을 보냈다. 그러나 남자는 알아차리지 못한 채 로봇 이야기만 계속하고 있었다. 결국 참다못한 그녀가 먼저 말을 꺼냈다.

그쪽이 로봇이라면 흥미가 좀 생길 것도 같은데 그럴 리는 없으니 저는 이만 가볼까 해요. 오늘 좀 피곤해서요. 남자가 눈을 반짝이며 말했다. 정말이요? 그러실 줄 알았습니다. 맞습니다. 저는 로봇입니다.

그녀는 핸드백을 양손으로 쥔 채 남자의 눈을 들여다보았다. 진지한 눈빛이었다. 어설픈 농담을 하는 것 같지는 않았다. 아마 탈주범 신창원도 저런 식이었을 것이다. 다방 레지를 옆자리에 앉혀놓고 선글라스를 벗으며, 잘 봐, 내가 바로 신창원이야. 그러면 여자들은 갑자기 자신들의 생에 뛰어든 거친 운명에 매혹되어 그의 품으로 쓰러졌다. 그러나 그건 탈주범인 경우고 스스로를 로봇이라고 말하는 남자 앞에선 어떤 표정을 지어야 하는 것일까. 혼란스런 정신을 수습하지 못한 채 그녀는 자기도 모르게 이렇게 묻고 있었다. 정말이세요?

정말 바보 같은 질문이었다. 수경은 자신의 실수를 금세 깨닫고 입술을 깨물었다. 자기가 로봇이라고 말하는 남자한테 그게 정말이냐고 묻는 여자가 되어버렸다니. 자기가 이순신 장군이라고 주장하는 사람에게 경례를 하는 것과 뭐가 다른가? 그러나 남자는 여전히 진지했다. 그런 남자가 그녀는 싫지 않았다. 정신병자라기에는 옷차림이 깔끔했고 나쁜 의도를 품은 사기꾼치고는 눈이 사슴처럼 맑았다. 그리고 그 눈은 우연히도 그녀가 사랑해 마지않는 남성 아이돌 그룹의 한 멤버를 쏙 빼닮았다.

두 사람은 자리에서 일어나 근처 식당으로 갔다. 둘은 스파게

티와 리소토를 먹었다. 로봇을 자칭하는 남자가 스파게티를 후루룩 쩝쩝 먹는 장면을 그녀는 유심히 살펴보았다.

에이, 무슨 로봇이 이래요? 너무 사람처럼 드시는데요? 수경의 말투는 이제 좀 편안해져 있다. 눈도 살짝 흘기는 게 처음 만난 사람을 대하는 태도 같지가 않다. 그는 면발을 포크에 천천히 감으며 말했다. 요즘 로봇의 에너지원은 다양합니다. 저는 탄수화물과 단백질, 지방을 주 에너지원으로 하도록 만들어진 로봇입니다. 가장 효율이 높은 것은 옥수수고요. 적당량의 알코올도 도움이 됩니다. 그러면서 그는 자기 앞에 놓인 잔을 들어 화이트 와인을 한 모금 삼켰다.

좋아요. 로봇이라고 쳐요. 그렇다면 그쪽을 만든 사람은 누구며 도대체 왜 만든 거지요? 이렇게 돌아다니며 여자한테 말이나 걸고 같이 와인이나 홀짝이라고 만든 건 아닐 텐데요. 로봇들에게는 다 어떤 목적이 있지 않나요? 목적이 없다면 만들어지지도 않았을 테니까요. 입가에 토마토 소스를 묻힌 채 남자는 곤혹스런 표정을 지었다. 바로 그게 문제입니다. 저도 아직 그걸 모르고 있습니다.

수경은 이런 말장난이 좋았다. 그녀의 머릿속에 이런 상황을 일컫는 재미난 말도 떠올랐다. '라고 치고 게임'. 일종의 연극을 하고 있다고 생각하는 거야. 로봇이라고 치고, 경찰이라고 치고, 선생이라고 치고, 그냥 그렇다고 치고 놀면 되는 것이다.

저는 실은 한국 사람이 아니에요.

수경이 말했다. 남자가 그럼 어디 사람이냐고 물었다.

일본 사람이에요. 일본에서 어머니와 함께 살고 있다가, 어렸을 때 한국에 왔어요. 어머니가 한국 남자와 사랑에 빠졌기 때문이에요. 여행사에 다니는 것도 바로 그 때문이에요. 일본어를 하니까요.

수경이 애써 웃음을 참으며 말했다. 남자도 빙글거리며 계속 질문을 던졌다. 그녀는 도쿄에 있는 가상의 남자친구를 만들어내고 일본인 엄마의 근사한 사랑 얘기도 지어냈다. 자신에게 이렇게 이야기꾼의 재능이 있다는 것에 그녀는 조금 놀라고 있었다. 친아버지는 일본의 가수인데 방탕한 생활 때문에 어머니는 그와 헤어져 자기 남매를 데리고 한국으로 온 것이라 말했다. 카레이서인 동생은 스피드를 너무 즐기다 그만 불구가 되어 휠체어를 타게 되었지만 요즘은 시를 쓰기 시작해 얼마 전에는 시집도 냈다고 말했다. 처음에는 반쯤 농담으로 키득거리면서 하던 얘기가 남자가 진지하게 들어주며 맞장구를 쳐주자 점점 다른 분위기로 변해갔다. 자기가 지어낸 이야기를 진짜로 믿기 시작한 것은 아니었지만, 새로운 이야기를 만들어낼 때마다 그 전에 한 이야기와 앞뒤를 맞춰가는 것만은 사실이었다. 그렇게 아귀들이 맞아떨어지기 시작하자 앞에 내뱉은 이야기는 바꿀 수 없는 사실처럼 느껴지기 시작했다. 일본인 엄마, 바람둥이 친아빠, 건실하고 멋진 한국인 새아빠, 카레이서였던 동생은 이미 주어진 조건으로 작용해 다음 이야기에 영향을 미쳤다.

남자와 함께 이렇게 아슬아슬한 '라고 치고 게임'을 계속해가는 동안 어떤 강렬한 해방감이 그녀의 내면에서부터 분출하기 시작했다. 이 뜨거운 에너지는 바로 앞에 앉아 있는 남자에게도 전해졌다. 그에 따라 남자의 로봇 이야기도 점입가경으로 치달았다. 둘은 죽이 잘 맞는 탁구선수들처럼 한없이 이야기의 공을 주고받았다. 그리고 잠시 후, 그녀는 난생처음으로 원나잇스탠드라는 것을 경험하고 있었다. 근처의 모텔에서 둘은 옷을 벗으며 서로에게 달려들었다. 좋아하는 아이돌의 눈을 닮은 탄탄한 몸매의 젊은 남자와 몸을 섞는 것은 여행사 사장과 치르는 더러운 거래와는 비할 바가 아니었다. 게다가 남자의 몸은 식을 줄을 몰랐다. 옷을 벗고 좀더 대담해진 수경이 새된 목소리로 말했다.

스위치는 어디 있는 거예요? 이젠 꺼야 될 것 같아요. 이러다 죽겠어요.

남자가 수경의 손을 꼬리뼈로 가져갔다.

거길 눌러봐요.

그녀가 엄지로 거길 꾹 누르자 남자의 동작이 갑자기 멈췄다. 한번 더 누르자 남자의 몸이 다시 앞뒤로 움직이기 시작하며 수경을 압박했다. 여운을 좀더 즐긴 후, 수경은 다시 꼬리뼈 스위치를 눌렀다. 땀에 젖은 남자가 옆으로 나가떨어졌다.

아, 당신이 왜 만들어졌는지 이제 알았어.

남자의 품으로 파고들며 그녀는 거친 숨을 몰아쉬며 말했다. 남자가 수경의 어깨를 끌어당겨 안았다. 그렇게 한참을 누워 있던 수경은 집에서 기다리고 있을 동생을 떠올리고는 나른한 몸을 일으켜 옷을 입었다. 둘은 모텔에서 함께 나와 각자의 집으로 갔다.

며칠 후 둘은 다시 만났다. '라고 치고 게임'은 계속되었다. 일본 태생의 여행사 직원과 로봇의 대화는 그날도 흥미진진하고 유쾌하게 이어졌다. 밤이 되자 둘은 다시 모텔로 갔다. 그런 일이 몇 번 더 반복되었다.

수경의 사장은 그녀에게 새로운 남자가 생긴 것을 알았다. 직원들로부터 남자가 찾아왔다는 이야기도 들었고 밤마다 전화를 꺼놓는 그녀의 행동을 통해서도 짐작할 수 있었다. 사장은 빌려간 돈을 갚으라고 집요하게 요구했다. 한번은 자정이 다 된 시각에 그녀의 집 근처에서 기다리고 있기도 했다. 갑자기 수경의 뺨을 때리기도 했다. 너무 갑작스런 공격이어서 맞고 나서도 한동안 그녀는 방금 자신에게 일어난 일이 실제인지 TV 드라마 속의 한 장면인지 의심스러웠다.

며칠 후, 남자를 다시 만나서 수경은 자신이 겪는 곤란한 상황을 살짝 각색하여 말했다. 여행사의 사장이 자신을 스토킹하고 있어 괴롭다, 그러나 자신은 곧 일본으로 돌아갈 생각이므로 별로 개의치 않는다, 고 했다. 남자는 언제나처럼 묵묵히 그 말을 들어주었다. 로봇들은 이런 문제가 없겠죠? 그녀가 물었다. 남자는 잠깐 생각하더니 말했다. 로봇은 사람을 그렇게 괴롭힐 수가 없어요. 같은 로봇끼리도 그렇죠.

둘은 다시 몸을 섞었다. 그녀가 꼬리뼈의 스위치를 눌러 작동을 중단시킬 때까지 그는 그녀를 다양하게 공략하였다. 생애 최고의 희열을 맛본 순간 그녀가 울부짖듯 소리쳤다. 널 사랑해, 널 사랑해. 모든 걸 잃어도 좋아. 널 사랑해.

남자가 그런 그녀를 꼭 껴안아주었다. 그녀는 행복감에 젖어 눈물을 흘렸다. 그녀의 눈물이 그의 가슴으로 흥건하게 흘렀다. 둘은 그렇게 서로를 안은 채 그대로 잠이 들었다.

그녀가 잠에서 깨어났을 때, 그의 모습은 보이지 않았다. 그녀는 네발짐승처럼 기어 화장대로 다가갔다. 거울에 붙어 있는 몇 장의 노란 포스트잇을 떼어 그것을 읽었다.

아까 당신이 나를 사랑한다고 외치는 순간, 내 머릿속의 프로그램이 이제 당신을 떠나야 할 때라고 경고했습니다. 이런 열정적 사랑은 인간인 당신을 해칠 것이 분명하기 때문입니다. 그러므로 당신이 내게 떠나지 말라고 명령하기 전에 내가 먼저 가야 합니다. 그래야 로봇 3원칙의 딜레마에 빠지지 않을 수 있기 때문입니다. 당신에게 복종하는 것은 나의 운명. 당신을 사랑하는 것은 내 기쁨. 어쩌면 그것이 내 유일한 존재이유였을지도 모릅니다. 하여, 당신이 무슨 명령을 내려도 나는 목숨을 걸고 그것을 따를 것입니다. 그러나 그것이 마침내 당신을 해치는 것이라면, 당신이 평정을 잃고 위험에 몸을 던지게 하는 것이라면, 나는 그것만은 따를 수가 없습니다. 당신의 사랑을 받아들일 수 없는 나는 더 늦기 전에 당신을 떠납니다. 안녕, 내 사랑.

수경은 멍한 얼굴로 미간을 찌푸린 채 한참이나 그 문장들을 노려보았지만 그게 무슨 말인지를 도저히 이해할 수가 없었다. 무엇보다 예전에 그에게서 얼핏 들은 로봇 3원칙이 구체적으로 무엇이었는지부터가 기억이 나지 않았고 그게 어째서 그렇게 심각한 딜레마가 된다는 것인지도 도무지 감을 잡을 수 없었다. 그녀는 포스트잇들을 떼어 장지갑 속에 넣었다. 그러고는 모텔 밖으로 나와 택시를 타고 집으로 돌아왔다. 좁은 거실에서 텔레비전을 보는 동생을 말없이 지나쳐 자기 방으로 들어가 옷도 갈아입지 않은 채 컴퓨터를 켜고 인터넷에 접속해 '로봇 3원칙'을 검색했다. 그런데 놀랍게도 백과사전을 비롯한 많은 사이트가 아이작 아시모프의 로봇 3원칙을 소개하고 있었다. 이것이 남자가 만들어낸 말이 아니라 아주 오래 전 외국의 유명한 작가가 창안해낸 널리 알려진 원칙이라는 것을 알게 된 순간, 그녀의 마음속에 희미한 안도감이 달콤한 슬픔과 함께 깃들었다. 그녀는 젖은 눈으로 그가 남긴 메모를 다시 꺼내 읽어보았다. 수경을 위해 떠난다는 그의 말이 이제는 조금 이해가 되는 것 같기도 했다.

그녀는 핸드백에서 자주색 수첩을 꺼내 또박또박 로봇 3원칙을 옮겨적었다. 그리고 그 아래에 이렇게 덧붙였다.

※ 찬찬히 생각해볼 것!

여행

수진이 미국으로 가면서 둘의 관계는 사실상 끝났다고 할 수 있었다. 끝낼 타이밍을 놓쳤기 때문에 계속된 것, 그 이상도 그 이하도 아니었다. 한선은 페이스북을 통해 그녀가 뉴저지에서 뭘 보고 듣는지를 알았고 어떤 사람과 만나는지를 대충 짐작할 수 있었다. 가끔은 그녀의 글에 이런저런 코멘트를 달기도 했다. 그러나 점차 그 빈도가 줄어들었고 수진 역시 자기 일상을 적어 올리는 일이 뜸해졌다.

　　한선은 수진의 생일조차 잊어버렸다. 오래 전에 죽은 존 레넌의 기일도 기억하면서 여자친구의 생일은 놓친 것이었다. 예전 같았다면 있을 수 없는 일이었다. 그가 잊었다는 것을 그녀도 분명 알았을 테지만 문제삼지 않았다. 페이스북에 올라와 있는 수진의 생일 축하 메시지는 거의가 영어였다. 그해 겨울 한선의 생일도 그런 식으로 지나갔다. 연애의 동력이 남아 있지 않다는

데 둘은 암묵적으로 합의하고 있었던 것이다.

그녀가 서울로 돌아온 것은 지난 4월이었다. 역시 페이스북을 통해 귀국 소식을 알았지만 한선은 모르는 척했다. 그는 베이징에서 유학을 온 친친이라는 여자와 사귀고 있었다. 그가 시간강사로 강의를 나가던 학교의 대학원생이었다. 친친의 한국어가 서툴러 둘의 소통은 대부분 중국어로 이루어졌다. 아는 사람 하나 없는 서울에서 한선은 친친에게 아주 요긴한 사람이었다. 한선은 친친의 하숙집을 구해주었고 교통카드도 만들어주었다. 그밖에도 자질구레한 일을 도왔다. 그러는 게 그는 좋았다.

한선은 서른셋, 친친은 스물넷이었다. 한선은 박사논문을 쓰고 있었는데 몇 년째 별로 진도가 나가지 않고 있는 상태였다. 시간강사 생활이라는 게 원래 그래, 시간이 없지, 라고 선배들이 격려랍시고 말해주곤 했다.

5월 초, 수진이 전화를 걸어왔다. 결혼을 한다는 것이다.

"그렇게 됐구나."

"그렇게 됐어요."

"왜 존댓말을 하니?"

"내가 그랬어요?"

"지금도 하잖아."

"아, 그러네."

"언제 하니?"

"글쎄, 다다음주."

"글쎄라니, 날 다 잡은 거 아니야?"

"잡았지."

"근데 나한테는 왜 전화한 거야?"

"오빠한테는 말해줘야 할 것 같아서. 그게 예의인 것 같아서."

한선은 그 말의 뜻을 곱씹다가 불쑥 이렇게 말했다.

"우리 여행갈까?"

"여행?"

"응, 마지막으로다가."

"여행?"

"그래, 여행. 마지막으로."

한선은 마지막이라는 말에 힘을 주었다.

"언제?"

수진의 말꼬리가 길고 무겁게 늘어졌다.

"다음 주말에. 제주도든 어디든."

"다다음주에 식을 올려야 하는데, 글쎄, 가능할지 모르겠네."

"나랑 여행가는 거 싫어?"

"아니, 그런 게 아니고……"

"가자."

"글쎄."

"가자."

"글쎄, 그게."

"가자니까."

"알았어. 한번 노력해볼게."

"신부 친구들하고, 그 뭐지, 미국식으로 브라이덜 샤워인가 뭔가를 한다고 하면 되잖아."

"알았어. 그건 내가 알아서 할게."

"그래, 고마워."

전화를 끊고 한선은 중문과 대학원 연구실로 친친을 만나러 갔다. 친친은 인터넷으로 다운받은 한국 TV 드라마를 보고 있었다.

"나, 다음 주말에 여행 가."

그는 중국어로 말했다.

"어디로?"

친친이 물었다.

"제주도에서 학회가 있어."

"와, 좋겠다."

"일인데, 뭐."

"얼마나요?"

"일박 이일이야."

연구실에는 아무도 없었다. 한선은 친친에게 입을 맞췄다. 그리고 블라우스 사이로 손을 집어넣어 젖꼭지를 살짝 꼬집었다. 친친이 허리를 빼며 투덜거렸다.

"여기 학교잖아요."

한선은 손을 빼며 불쑥 한국어로 말했다.

"중국으로 가버려."

친친이 자기 귀를 의심하며 한국어로 반문했다.

"네? 뭐라고요?"

"나도 중국에 가고 싶다고."

"중국 좋아요. 하지만 베이징 복잡해요."

친친은 말하기를, 중국 사람들은 기름에 볶거나 튀기는 음식을 좋아해 부엌의 타일이 기름에 덕지덕지 절어 있는 경우가 많은데, 일 년에 한 번 그 때를 벗겨낸다고 한다. 사위가 오는 날이 바로 그날이라는 것이다. 그녀의 집에서 수세미를 들고 벅벅 찌든 때를 벗겨내고 있는 자신의 모습이 떠올랐다.

일주일이 지났지만 수진에게서는 아무 연락이 없었다. 통화도 되지 않았다. 문자메시지를 보내면 한참 지나서야 지금은 바쁘니 나중에 연락을 하겠다는 답장이 돌아왔다. 한선은 구글에 수진에 관련한 정보를 넣고 검색을 시작했다. 그녀의 이름과 주민등록번호, 주소와 전화번호 같은 것들. 그러자 너무도 간단하게 그녀가 어디서 누구와 결혼하는지를 알 수 있었다. 그녀의 친구들이 싸이월드나 트위터, 페이스북으로 정보를 교환하고 있었던 것이다. 처음에는 결혼식에 관련한 정보만 수집하려고 했지만 그녀가 미국에서 했던 일들까지 딸려올라왔다. 그녀는 거기서 맥기네스라는 성을 가진 백인 남성과 사귄 일이 있었다. 한 번 이혼한 경력이 있는 남자였다. 그러나 그와는 곧 헤어지고 한국인 유학생을 잠시 만나기도 했던 모양이다. 그와도 결별한 후,

현재 생명공학을 연구한다는 남자와의 결혼을 앞두고 있었다.

한선은 수진의 아파트 앞으로 가서 그녀를 기다렸다. 수진이 주차장에 차를 세운 뒤 백화점 쇼핑백을 들고 아파트 현관으로 들어갈 때, 차에서 내려 그녀를 따라잡았다.

"나야."

놀란 수진은 쇼핑백을 놓쳤다. 그릇 깨지는 소리가 요란했다.

"뭐가 깨졌나봐?"

"괜찮아. 사은품으로 받은 접시야."

수진이 서둘러 쇼핑백을 다시 집어들었다.

"결혼식 앞두고 뭐가 깨지면 좋지 않다던데."

"괜찮대두. 근데 오빠는 여기 웬일이야?"

"너랑 연락이 잘 안 돼서."

"아, 내가 좀 바빴거든. 알잖아. 여자가 결혼 앞두고 얼마나 바쁜지."

"그렇게 바빠?"

"정신이 하나도 없어. 정말 짜증나 죽겠어. 왜 이렇게들 나를 괴롭히는지 몰라."

그녀는 울상이 돼 쇼핑백 안을 들여다보았다.

"아잉, 접시가 다 깨졌어."

"사은품이라며?"

"그래도 좋은 거란 말이야. 로열달튼이란 말야, 로열달튼."

그로서는 들어보지도 못한 브랜드였다. 한선은 화제를 돌렸다.

"우리 여행은?"

"아, 여행? 가야지."

그녀가 한선의 눈치를 보며 애써 미소를 지었다.

"갈 수 있겠어? 바쁘다면서."

"가야지. 오빠하고 마지막인데."

"그래, 마지막인데."

"근데 오빠."

"응?"

"왜 나하고 여행을 가려고 해? 그러니까 나 같은 애 말고도……"

한선이 그녀의 말을 잘랐다.

"우리 옛날에 여행 많이 다녔잖아."

"그랬었나?"

"경주도, 설악산도, 제주도도…… 콘도에서 맛있는 것도 해 먹고 참 좋았는데."

"에이, 뭘, 주로 라면이었지, 회 좀 떠다 먹고. 오빠는 만날 술 먹고 뻗었잖아."

"그땐 꿈이 있었던 것 같아."

"지금은 없어?"

"인생을 실패한 것 같다는 생각이 자꾸 들어. 이제 돌이키기엔 너무 늦었다는 생각. 그런데 그런 생각을 할 때마다 이상하게 네 얼굴이 떠올라. 네가 내 가장 중요한 것을 빼앗아간 것 같아."

그녀의 얼굴이 어두워졌다. 그러나 금세 밝은 표정을 되찾았다.

"오빠가 왜 실패해? 이제 박사 따고 자리잡고 그러면 세상이 오빠를 알아줄 거야. 나는 믿어. 오빠는 천재야. 지금 단지 어떤 시련을 겪고 있는 것뿐이야."

"시련? 그런 게 아니라 모래언덕에서 아래로 계속 미끄러져 내려가는 기분이야. 그러니까 내 말은, 힘을 내서 다시 올라가고 싶은 기분도 아니라는 거야. 올라가봤자 모래언덕일 뿐이야. 그 너머엔 또다른 모래언덕이 있겠지."

"내 생각에 오빠는 상담 같은 게 필요한 것 같아."

"여행이 아니라?"

"아니, 여행도 가야지. 내 말은 상담을 한번 받아보라는 거야. 지금 너무 힘들 때니까. 오빠는 내가 잘 알아."

"그릇 깨져서 어떡하나?"

한선이 그녀가 들고 있는 쇼핑백을 가리켰다.

"괜찮대두."

"로열달튼이라며?"

"응. 뭐, 그래봤자 사은품인데 뭘."

"토요일에 가는 거다."

"토요일?"

"응, 토요일. 주중엔 내가 수업도 있고 좀 바쁘거든."

"……알았어, 오빠."

"토요일이 며칠이지?"

"몰라. 내가 그걸 어떻게 알아?"

수진이 살짝 짜증을 냈다.

"너 결혼식 날짜에서 7을 빼면 되잖아."

수진은 입을 꾹 다문 채 대꾸하지 않았다. 한선은 휴대폰을 열어 날짜를 확인했다.

"17일이네. 한시에 김포공항으로 와. 표는 내가 끊어놓을 테니."

"왜? 제주도 가게?"

"싫어?"

"제주도? 누가 요새 제주도를 가?"

"요즘 좋아졌다는데? 올레길인가 뭔가도 새로 생기고 해서."

"나 걷는 데 취미 없잖아."

"그럼 안면도 어때? 바다도 보고."

"거긴 너무 가까워. 거길 갈 바에는 인천에 가겠다."

"통영은?"

"거긴 또 너무 멀고."

리드를 많이 잡은 삼루주자처럼 그녀는 연신 아파트 입구와 한선을 번갈아 살폈다.

"나 다리 아파."

수진은 지친 표정으로 한선을 올려다보았다. 한선은 수진보다 키가 이십 센티미터나 컸다.

"다리 아파? 차로 가자."

수진은 망설였다.

"오빠 차?"

"응."

한선이 이중주차한 채 비상등을 깜빡이고 있는 자기 차를 가리켰다. 수진도 유학을 떠나기 전에 몇 번 타본 적이 있는 차였다. 그런 낯익음이 그녀를 방심케 했을까.

"왜?"

"여행 얘기 아직 마무리 못 했잖아."

"오빠도 참, 그 성격은 여전하구나. 어떻게 사람이 하나도 변한 게 없어?"

"내 성격이 어때서?"

한선이 입을 비쭉거렸다.

"좋아, 차로 가. 그치만 금방 올라가봐야 돼. 아까 엄마한테 곧 들어간다고 문자 보냈었거든. 기다리고 있을 거야."

"뭐, 잠깐이면 될 거야."

둘은 한선의 차에 탔다. 차는 몇 년 전에 비해 낡아 있었고 찌든 담배 냄새가 풍겼다. 유학을 떠나기 전에는 수진도 흡연자였다. 그녀 역시 이 차 안에서 창문을 열어놓고 담배를 피우곤 했다. 그러나 이제는 견딜 수 없이 거슬렸다.

"오빠 아직도 담배 피워?"

"아니."

그러나 재털이 근처에는 담뱃재가 지저분하게 떨어져 있었다.

"뭐 얘기할 거 있다면서?"

그녀가 애써 부드러운 어조로 물었다. 어떻게 앉아도 편치가 않아 그녀는 다리를 꼬았다 풀었다를 반복했다. 발치에 놓아둔 쇼핑백이 그때마다 걸리적거렸다. 깨진 접시 파편들이 덜그럭거리기도 했다.

"너를 다른 남자에게 보낸다고 생각하니까 아까워."

"그런데 왜 내가 미국 있을 때는 그렇게 내버려뒀어?"

"내가 언제?"

"별 관심도 없는 것 같더만. 됐어. 말해 뭐해."

"여행은 어떻게 할까?"

수진은 입을 꾹 다물었다.

"가기 싫구나."

한선이 말하자 수진이 고개를 저었다.

"아니, 그런 게 아니구. 그냥 너무 바쁘니까, 이런저런 관리도 받아야 되고."

"그렇겠지."

"오빠는 누구 만나는 사람 없어?"

"없어."

"정말? 오빠 같은 훈남이 왜?"

"없다니까."

"없었어? 아님, 지금 현재 없는 거야?"

"없었고, 지금도 없어."

잠시 침묵. 뒤에서 빵빵 경적 소리가 들렸다. 아파트 경비가 플래시를 들고 운전석 옆으로 다가왔다. 한선이 창문을 내리니 차를 빼달라고 했다. 수진은 그가 자기를 알아볼까봐 얼굴을 반대쪽으로 돌렸다. 한선은 기어를 D로 옮기고 차를 움직이기 시작했다. 그러나 주차장이 꽉 차 어디에도 마땅히 세울 데가 없었다.

"지하주차장이 없어서 밤만 되면 전쟁이야."

수진이 말했다.

"어디 가서 차나 한잔하자."

수진은 안 된다고 말하려 했지만 그래봤자 별 소용이 없을 거라는 생각에 입을 다물었다. 아파트 단지를 벗어나면 경부고속도로로 진입하는 램프가 있었다. 딱히 그러려고 마음먹은 것도 아니었는데 한선은 자기도 모르게 그쪽으로 차를 몰았다. 어, 어, 하는 사이에 한선의 차는 벌써 부산으로 내려가는 진입로 위에 있었다.

"오빠, 미쳤어? 지금 어디 가는 거야?"

그러나 한선은 입을 꾹 다문 채 대답이 없었다.

"나 내릴 거야. 얼른 내려줘. 내려달란 말이야."

언성을 높였지만 자제력을 잃지는 않았다. 설득의 희망을 아직 버리지 않았기 때문이었다. 수진은 초조하게 한숨을 쉬며 연신 밖을 내다보았다. 항의하듯 거칠게 안전벨트를 풀어버리고 궁둥이를 들썩거렸다. 만약 어디에라도 잠깐 멈추기만 하면 당장 내려버릴 심산이었다. 서울 밖으로 나가기 전에 어디서든 한번은 멈추겠지. 최소한 톨게이트에서라도.

그러나 퇴근시간을 훌쩍 넘긴 밤, 고속도로는 뻥뻥 뚫렸다. 하이패스 단말기를 단 그의 차는 톨게이트도 시속 오십 킬로미터의 속도로 통과해버렸다. 그녀는 설득하기도 하고("오빠, 제발, 내 마지막 소원이야. 어서 차 돌려"), 애원하기도 하고("우리 엄마, 심장이 약해서 쓰러질지도 몰라. 엄마 벌써 문자 열 통도 넘게 날리는데 도대체 뭐라고 해?"), 위협하기도 했다("오빠, 나 경찰에 신고할 거야. 이건 납치야, 납치!"). 그러나 한선을 멈출 수는 없었다. 마지막으로 그녀는 화장실에 가고 싶으니 제발 휴게소에라도 들렀다 가자고, 모든 것을 체념한 듯 말했다. 그러나 이번에도 그는 멈추지 않았다.

"정말 쌀 것 같단 말이야!"

그녀가 소리를 빽 질렀지만 한선은 듣는 둥 마는 둥 계속 액셀러레이터만 밟아댔다. 차는 수원에서 영동고속도로로 진입해 동쪽으로 달렸다. 수진의 휴대폰으로는 엄마와 예비신랑의 문자 메시지가 다투어 날아왔다. 원주를 지날 때쯤에야 한선이 굳게 닫힌 입을 열었다.

"답장 좀 해. 아무렇게나 둘러대. 아예 꺼버리든가."

한선이 입을 연 것은 어떤 면에서 수진을 조금 안심시키는 바가 있었다. 완전히 돌아버리지는 않았구나. 수진은 두 사람에게 정신없이 문자를 보냈다. 엄마는 알았다고 했지만 예비신랑은 잠들기 전에 목소리를 듣고 싶으니 꼭 전화를 해달라고 거듭 재촉했다. 하는 수 없이 수진이 전화를 걸었다.

"응, 나야. 아니, 그냥 몸이 좀 안 좋아서. 좀 피곤하네…… 응, 가봉은 잘 끝났어. 곧 들어갈 거야. 거의 다 끝났어. 애들이 오늘따라 놔주지를 않네. 내가 내일 전화할게. 집에? 아, 들어가면 그냥 픽 쓰러질 것 같아. 배터리도 간당간당해. 응, 오빠 미안해…… 사랑해, 나두."

전화를 끊자 한선과 자신 사이를 가로막고 있던 어떤 얇고 끈적이는 막을 찢어버린 듯한 기분이 들었다. 태연히 거짓말을 했고 다른 남자에게 사랑한다고 말한 것이다. 수진은 눈을 감은 채 그동안 꼿꼿하게 긴장하고 있던 머리를 등받이에 기댔다. 고단한 하루였다. 아침부터 배달사고가 난 청첩장들을 다시 보낸 일부터 시작해 웨딩드레스의 가봉, 혼수품의 최종 점검까지를 모두 혼자 돌아다니면서 하느라 넋이 나갈 지경이었다. 엄마는 심장이 좋지 않아 바깥출입을 못 했고 친구들은 주중이라 시간을 낼 수가 없었다. 그런데 하필이면 이런 날의 마지막에 가장 골치 아픈 문제가 기다리고 있었던 것이다.

그녀는 사실 한선에 대해서는 아무 걱정도 안 하고 있었다. 마치 포스트잇같이 부드럽고 유연하고 뒤끝 없는 관계라고 믿었던 것이다. 한선과의 교제는 양가의 부모 모두 반기지 않았다. 수진의 유학도 따지고 보면 모두가 암묵적으로 합의한 일종의 부드러운 결별의 절차였고 예상대로 진행됐다. 그녀가 그에게 전화를 걸어 결혼 소식을 알리기 전까지는. 도대체 왜 그런 짓을 했을까. 자만이었을까 아니면 두려움이었을까.

한선의 차는 위험한 추월을 거듭하며 과속으로 달렸다.

"안전벨트 매. 위험해."

한선이 말했지만 수진은 끝내 듣지 않았다. 안전벨트를 맨다는 것은 그의 이런 상식밖의 행동을 승인하는 것처럼 느껴졌기 때문이었다. 서울을 떠난 지 고작 두 시간 만에 둘은 동해가 보이는 한적한 포구에 도착했다. 벌써 동해라니. 전혀 실감이 나질 않았다. 시공간 이동이라도 한 것 같았다. 백오십 킬로미터를 넘나드는 위태로운 운전도 남의 일 같았다. 나는 이딴 일로 죽지는 않을 거야. 수진은 그렇게 믿고 있었다. 아직 죽을 운명이 아니거든. 결혼식 불과 열흘 앞두고 옛 애인이 모는 차를 타고 강원도 어느 길가에서 교통사고 사망자로 발견될 그런 드라마틱한 운명하고는 거리가 멀어. 지금 제 정신이 아닌 이 남자도 차에서 내려 바닷바람을 쐬고 나면 자신이 얼마나 위험한 짓을 벌였는지 새삼 깨닫고 서울로 돌아갈 거야. 그런 강심장이 아니야, 이 남자는. 내가 잘 알지, 이 어린애 같은 남자는 지금 떼를 쓰고 있는 거야. 세상을 모르는 캠퍼스의 늙은 어린이.

"여행을 오자고 한 건 바로 너야."

한선이 기어를 P에 놓으며 말했다. 말도 안 되는 억지였다. 그녀는 마지못해 동의했을 뿐이었다. 그러나 수진은 바로잡지 않았다. 여긴 법정이 아니니까. 그녀가 원하는 것은 시시비비를 가리는 게 아니라 늦기 전에 반포의 자기 집으로 돌아가는 것뿐이었다.

"근데 오빠, 이렇게는 싫어. 이게 뭐야. 난 아무 준비도 안 돼 있는데. 여자는 이런 거 아주 싫어해."

"너, 아까 막 소리지르더라. 납치라면서."

"사실 납치지 뭐야? 이렇게 막무가내로 말이야."

"여행가자고 했었잖아. 아니야?"

"그래, 그랬었지. 그렇지만……"

"나는 늘 궁금했었어."

"뭐가?"

"옛 애인을 납치하는 남자들 말야. 그 심리가 뭘까?"

"알았어. 내가 잘못했어. 납치 아니야. 오빠 잘못 없어. 그러니까 이제 그만 집으로 가자."

한선이 시동을 끄고 차문을 열었다. 그 순간에도 수진에게는 문자메시지들이 계속 날아오고 있었다.

"내려서 바람이나 좀 쐬자."

수진도 따라 내렸다. 바람이 찼다. 작은 해수욕장과 포구 사이로 방죽길이 바다를 향해 길게 뻗어 있었다. 포구에 정박한 어선들은 방죽길과 방파제로 안전하게 보호받고 있었다. 포구의 입구에는 수협 지점과 건어물을 파는 가게들이 늘어서 있었다. 백 미터도 넘게 떨어진 곳에 작은 술집이 불을 밝히고 있었다.

임시주차장이라는 팻말이 붙어 있는 공터에는 한 선의 차 말고는 물탱크를 얹은 해산물 운반 트럭 두 대가 주차돼 있었다. 승용차는 한 대도 없었다.

둘은 방죽길을 향해 걸었다. 먼 바다에 조업중인 어선들의 불빛이 어른거렸다. 아래로 시선을 떨구니 어딘지 끈적해 보이는 파도가 방파제 아래에 쌓인 트라이포드를 핥고 있었다.

"자정이네."

"오빠, 제발 부탁이야. 이제 서울로 돌아가자. 바다도 봤잖아."

"중요한 건 바다가 아니야."

"그럼 뭐야?"

"내 인생."

"오빠 인생이 어디가 어떻다는 거야?"

"내 인생이 TV 드라마였으면 벌써 시청자들의 항의가 인터넷 게시판에 빗발쳤을 거야. 지루한 연장 방영을 즉각 중단하라고."

"오늘따라 왜 이래? 오빠, 매사에 긍정적인 사람이었잖아."

"내가?"

"그럼."

"언젠가 쿠바 작가가 쓴 단편을 읽은 적이 있어. 꽤 오래 전인데."

"별걸 다 읽네."

"그러게."

"그런데?"

"한 남자와 한 여자가 아바나 말레콘 해변의 카페에 앉아 있었어. 아마 둘은 공항에 가서 비행기를 타야 했을 거야. 여자는 조바심을 내며 어서 공항으로 가자고 남자를 졸랐어. 비가 억수같이 내려서 카페 앞 도로가 침수될 지경이었으니까. 남자는 벌써 갈 필요가 없다, 공항은 침수되지 않는다고 배짱을 부렸어. 화가 난 여자는 참다 못해 여행가방을 들고 카페를 나갔지. 먼저 공항에 가 있을 테니 오든지 말든지 마음대로 하라고 말하고서는. 남자는 카페 안에 남아 여자가 엄청난 폭우를 뚫고 길을 건너는 것을 보고 있었어. 여자는 발목까지 물이 찬 도로를 건너던 와중에 갑자기 뿅 하고 사라져버렸어. 남자가 달려나가보니 여자는 종적이 없고 여행가방만 물에 둥둥 떠 있었지."

"어떻게 된 거야?"

수진이 휴대폰의 시계를 흘깃 훔쳐보며 물었다.

"뚜껑이 없는 맨홀에 빠진 거야. 아바나의 말레콘 해변에는 그런 맨홀들이 종종 있대. 그리고 그 맨홀들은 바로 바다로 통해 있지. 여자는 시체조차 찾지 못했어. 바다로 그대로 빨려들어간 거지. 여행가방만 덜렁 남기고."

수진은 방파제에 몸을 비비는 검은 파도를 보았다. 이야기 탓일까. 어쩐지 아까보다 훨씬 거세진 것만 같았다. 어쩌면 저 어두운 수평선 너머 어디선가 지진이 발생했고, 그것이 불러일으킨 거대한 해일이, 아니, 거대할 필요도 없이, 오직 사람 하나

정도만 집어삼킬 정도의 파도가, 노련한 닌자처럼 이 방파제를 향해 조용히 다가오는 것은 아닐까. 아니다. 두려운 것은 바다가 아니라 그녀의 등뒤에 서 있는 이 남자였다. 그가 자신을 저 트라이포드 더미로 밀어버린다 해도 아무도 모를 것이었다.

그녀는 갑자기 몸을 휙 돌려 주차장을 향해 뛰기 시작했다. 한선도 덩달아 뛰었다. 굽이 칠 센티미터나 되는 하이힐을 신고 있기도 했지만 건장한 남자를 따돌린다는 것은 애당초 무리였다. 한선이 방죽길이 시작되는 지점에서 수진을 따라잡았다. 그는 오른손을 집게처럼 만들어 수진의 가는 왼팔을 꽉 움켜쥐었다. 수진은 뼈가 바스러지는 고통에 짧게 비명을 질렀다.

"아얏, 아파, 오빠."

"왜 도망가?"

"나, 집에 가고 싶어, 오빠."

"그럼 그렇다고 말을 하지."

한선이 붙들고 있던 팔을 놓아주었다. 수진이 울먹이며 말했다.

"나 말 많이 했거든."

"가야 된다고 했지. 가자고도 했고. 가고 싶다고는 말 안 했어."

"왜 이래, 정말? 치졸하게. 오빠가 원하는 게 뭐야? 마지막으로 한 번 대달라는 거야? 그런 거야?"

"너, 말 막 한다. 이런 애 아니었잖아. 미국에서 배웠니?"

"아, 씨, 뭔 소리야, 하루 종일. 증말, 짜증나게. 아니, 그런 거

맞잖아, 지금…… 그래, 어디서 할까, 어디, 근처 모텔에라도 가
서 함 할까? 십 분이면 끝날 거 아냐. 이럴 바엔 그냥 빨리 하고
가자, 엉? 어디, 그냥 여기서 할까? 저기, 차도 있네. 주차장에
사람도 없던데, 아니, 있으면 또 어때? 여기 누가 우릴 알아? 안
그래?"

수진이 악을 썼다.

"너, 미국 가더니 완전 버렸구나. 진정해, 제발."

"내가 지금 진정하게 됐어? 우리 엄마 쓰러지게 생겼다구."

그때 그들의 등뒤에서 굵직한 남자 목소리가 들렸다.

"여보쇼."

한선과 수진은 깜짝 놀라 고개를 돌렸다. 입에는 담배를 물고
한 손에는 작살인지 낚싯대인지 정체를 알 수 없는 검은 막대기
를 든 초로의 남자가 방파제 아래쪽에서 올라오고 있었다. 소금
기에 찌든 방풍점퍼에 고무장화를 신고 구깃구깃한 야구모자를
쓴 전형적인 어부의 행색이었다.

"무슨 일입니까?"

한선이 경계하며 물었다.

"담배 한 대만 빌릴 수 있을까 해서……"

"담배 안 피웁니다."

"불은?"

"담배를 안 피우는데 불이 있겠어요? 그리고 담배는 지금 피
우고 계시잖아요?"

"이게 돛대라서……"

남자가 한 발짝 더 다가서며 은근하게 물었다.

"내가 배 한번 태워줄까요?"

강원도 사투리 억양이 강한 말투에 입을 열 때마다 술냄새가 풍겼다.

"배요?"

"저쪽에 내 배가 있는데."

"아저씨 배를 우리가 왜 타요?"

수진이 반발짝쯤 뒤로 물러서면서 말했다.

"배 타고 싶어서 여기까지 온 거 아니야? 서울에서들 많이 오는데. 애인들끼리 배 타려고. 배 타면 좋거든. 이런 것도 하고."

그는 양손을 맞붙여 방아 찧는 흉내를 냈다. 양 손두덩이 마주치며 쩍쩍 소리를 냈다.

"수진아, 가자."

한선이 수진의 팔을 잡아끌었다. 둘은 서둘러 방죽길에서 내려와 주차장을 향해 걸었다. 고무장화가 그들의 등뒤에서 킬킬거리며 웃다가 갑자기, 어흥, 하며 어설픈 호랑이 흉내를 냈다.

"미친 새끼."

한선이 뒤를 돌아보지 않은 채, 발걸음을 재촉하며 뇌까렸다. 그러나 그들이 차에 다다랐을 즈음에는 무슨 공포영화의 한 장면처럼 그가 벌써 와 있었다. 한선이 수진을 젖히고 앞으로 나서 뭔가 말하려는 찰나, 고무장화가 아까부터 손에 들고 있던 막대기를 벼락같이 휘둘렀다. 채찍으로 짐승의 등을 때리는 듯한 날카로운 소리와 함께 한선이 모로 쓰러졌다. 고무장화는 쓰러진 한선의 머리를 거듭하여 찼다. 거센 발길질에 한선의 몸이 범퍼 아래로 구겨져들어갔다. 수진은 비명을 질러댔지만 오히려 고무장화의 피를 끓게 만드는 것 같았다. 그는 신이 나서 한선을 두들겼다. 저런 급작스럽고 맹렬한 적의는 어디에서 비롯된 것일까. 수진은 감히 다가가 말릴 엄두조차 내지 못했다. 그러는 사이 한선은 컥컥 소리만 내며 아무 저항도 하지 못한 채 사내의 발길질 세례를 그대로 당하고만 있었다. 수진은 손을 덜덜 떨면서 쇼핑백에서 사금파리를 꺼내 손에 쥐었다. 사내가 자신을 덮친다면 목을 그어버릴 심산이었다. 그런 무시무시한 일을 해낼 수 있으리라는 자신은 없었지만 그것을 갖고 있다는 것만으로도 안심이 되고 용기가 생겼다. 수진은 조용히 뒷걸음질쳤다. 그러면서 휴대폰 메모리에 저장해놓고 한 번도 사용해보지 않은 단축번호 9번을 누르기 위해 숫자판 위에 엄지를 올려놓았다. 그러나 누르지는 않았다. 수진은 발길질을 계속하고 있는 사내에게 소리쳤다.

"그만하세요! 경찰에 신고했어요."

사내가 발길질을 멈추고 여자를 보았다. 짐승 같은 눈빛이 번뜩이며 잠시 그녀를 훑었다. 그녀는 밝게 빛나는 휴대폰의 액정 화면을 들어 보였다. 사내는 휴대폰을 노려보더니 갑자기 몸을 돌려 주차장과 도로를 구획짓는 쥐똥나무들을 넘어 마을 쪽으로 달렸다.

수진은 한선에게 다가갔다. 몸을 흔들자 범퍼 밑에서 신음소리가 났다. 수진이 한선의 다리를 붙잡아 차 밑에서 끌어냈다.

"괜찮아?"

"니 눈에는…… 이게…… 괜찮아 보이냐? 아까 그…… 새끼, 어디 갔어?"

"마을 쪽으로 갔어."

"경찰에…… 신고는 했어?"

"아니."

"왜 안 했어?"

"지금 그게 중요한 게 아니잖아."

"그럼 뭐가 중요한데?"

한선은 간신히 몸을 일으켜 차 보닛에 몸을 기댔다. 쉐엑쉐엑, 거칠게 숨을 몰아쉬었다. 그럴 때마다 단내가 풍겼다.

"아, 갈비뼈가…… 나간 것 같아. 숨을, 숨을 쉴 때마다 너무 아파. 머리도 어지럽고. 빨랑 앰뷸런스 좀 불러봐, 얼른!"

그녀는 119에 전화를 걸었다. 앰뷸런스를 요청하자 환자의 증세를 물어왔다.

"호흡이 좀……"

"전혀 못 해요?"

"아뇨, 그 정도는 아니고요. 하기는 해요."

"혹시 지병이 있어요?"

"병 같은 거 아니고요. 그냥 좀 전에 좀 많이 맞았어요."

"맞아요? 경찰에는 신고하셨습니까?"

"그게…… 아직."

"신고부터 하세요. 앰뷸런스는 곧 도착할 겁니다. 혹시 환자가 호흡을 못하거나 하면 기도를 확보해주세요. 무슨 말인지 아시죠? 산소가 뇌로 안 가면 위험합니다."

"네."

"의식은 있어요?"

"네."

"경찰에 신고하는 거 잊지 마세요."

"네."

수진이 전화를 끊자 한선이 숨을 몰아쉬며 물었다.

"뭐래?"

"곧 온대. 걱정하지 말래."

앰뷸런스가 올 때까지 수진은 몸을 덜덜 떨며 종종걸음을 쳤다. 바다에서 피비린내가 풍겼다. 이상도 하지. 왜 바다에서 피 냄새가 날까. 저 포구에서 아침마다 생선 배를 갈라서일까. 곶의 첨단에는 차가운 빛을 쏘는 등대가 신화 속의 거대한 외눈박이 괴물처럼 바다를 노려보고 있었다. 쿠루룽. 멀리서 천둥소리 비슷한 것이 울렸지만 아직 하늘에 별이 초롱초롱했다.

십오 분쯤 지나자 119 앰뷸런스가 도착했다. 한선은 범퍼에 몸을 기댄 채 앉아 있었다. 그들은 한선의 경추 쪽을 단단히 고

정시키고 들것에 실어 앰뷸런스에 실었다. 철커덕, 철커덕. 조임 쇠들이 고정되는 소리가 들렸다.

"야, 이거 머리를 되게 맞았네요. 상처로 봐서는 뇌출혈이 있을 수도 있겠는데요. 다행히 아직 의식은 있는데, 그게 지금은 멀쩡해 보여도 곧 부어오르면서 뇌를 압박하게 돼요. 어쩌면 뇌수술을 해야 할 수도 있어요. 토하거나 하지는 않았어요?"

"아뇨."

나이가 지긋한 대원이 먼저 운전석으로 갔다.

"자, 이쪽으로 타세요."

이십대 초반으로밖에 안 보이는 젊은 대원이 구급차 뒷문을 잡아주며 말했다. 수진은 고개를 저었다.

"전 안 가요."

"어, 보호자 아니세요?"

"아니에요. 잘 모르는 사람이에요."

대원이 고개를 갸웃거리며 눈을 가늘게 떴다. 수진은 단호하게 다시 한번 반복했다.

"정말 잘 모르는 사람이에요."

운전석 쪽에서 소리가 들려왔다.

"어여 가자구."

"네."

젊은 대원은 뒷문을 쾅 닫고 조수석에 올라탔다. 사이렌이 다시 울리기 시작했다. 아득하게, 수진아, 수진아, 라고 부르는 소리가 들려오는 것 같았다. 어쩌면 환청일지도 몰랐다. 앰뷸런스가 떠나자 수진은 마을의 불빛을 향해 걸으며 114 안내에 택시회사 번호를 물었다.

"손님, 지금 어디 계세요?"

그녀는 주위를 둘러보았다. 포구 입구에 있는 수협 지점의 이름을 댔다. 택시회사 직원은, 아, 거기요, 하면서 조금만 기다리라고 했다.

"어디까지 가세요?"

"서울이요."

"에이, 오밤중에 장난전화 하지 마세요."

"여보세요, 여보세요. 끊지 마세요. 장난 아니에요."

"장난이면 나중에 큰일나요. 여기 번호 다 찍혔어요. 곧 차량 도착하니까 거기 꼼짝 말고 계셔야 돼요."

오 분 후 택시가 왔다. 그제야 그녀는 하이힐의 굽 하나가 부러졌다는 것을 깨달았다. 그녀는 힘겹게 문을 열고 뒷좌석에 올라탔다.

"서울 가신다고요?"

"네."

"요금부터 선불로 주시겠어요? 하도 장난하는 사람들이 많아서요."

"지금은 현금이 없지만 서울 도착하면 드릴게요."

택시기사가 룸미러를 통해 그녀의 헝클어진 머리와 행색을 힐끗 살폈다. 아마 미친년이 따로 없다고 생각할 거야. 수진은 생각했다.

"이거 원, 아닌 밤중에 도깨비 장난도 아니고……"

"가다가 24시간 하는 ATM 있으면 세워주세요. 뽑아서 드릴게요."

"뭐, 알았습니다. 한번 가보지요. 사람이 사람을 못 믿으면 누굴 믿겠습니까?"

택시가 출발했다.

"좀 빨리 가주세요."

"서울에 무슨 급한 일이 있나봐요?"

제가 곧 결혼을 해요. 그러나 그녀의 말은 입 밖으로 나오지 않았다. 기사도 더는 캐묻지 않았다. 택시에서는 뽑은 지 얼마 안 되는 새 차 냄새가 났다. 지친 몸을 뒤로 기대며 발을 뻗는데 뭔가 걸리는 게 있었다. 깨진 그릇이 담긴 백화점 쇼핑백이었다. 이제는 구겨질 대로 구겨져 있었고 한쪽 옆구리는 찢어지기도 했다. 그녀는 쇼핑백 안에서 사금파리 하나를 꺼내 손에 쥐었다. 택시는 어느새 고속도로로 들어서 있었다. 노랗게 빛나는 환한 터널이 택시를 삼키자 수진은 눈을 감았다.

악어

한 남자가 있었다. 그는 독특하고 신비로운 목소리로 유명한 가수였다. 그러나 변성기가 되기 전까지 그는 허약하고 별볼일 없는 작은 소년에 지나지 않았다. 늘 감기에 걸려 있었고 그밖에도 잦은 병치레를 했다. 내놓고 말은 안 했지만 그의 부모는 그가 스무 살도 되기 전에 죽을지 모른다고 생각했다. 그랬기 때문에 아들이 원하는 것은 가능하면 들어주었다. 말만 하면 부모가 어떻게든 소망을 충족시켜주었기 때문에 오히려 그는 자신이 원하는 것을 입 밖에 잘 내지 않는 소년이 되었다. 그 역시 자신은 일찍 죽어 부모를 슬프게 할지도 모른다고 생각했기 때문에 가능하면 부모에게 부담이 되지 않으려고 노력했다.

부모는 그에게 피아노와 바이올린을 가르쳤다. 그는 피아노를 더 좋아했지만 오래 치지는 못했다. 그래도 집에 돌아오면 피아노 앞에 앉아 한두 시간씩 피아노 연습을 하곤 했다. 피아노를 치면서 가끔 허밍을 하기도 했다. 피아노만으로는 부족하다는 느낌이 어린 그의 내면에서 서서히 커져갔기 때문이었다. 그러나 그런 느낌을 다른 사람에게 어떻게 표현해야 할지 몰라 그는 아무 말도 하지 않았다.

반 친구들도 그를 알고는 있었지만 워낙 조용하고 말수가 적은 아이였기 때문에 몇 번 집적거리다가 흥미를 잃고 내버려두었다. 아이답지 않은 깊고 그윽한 눈과 한번 마주치면 잔인하게 괴롭히고 싶은 마음이 자기도 모르게 사라져버렸다. 둥지에서 떨어져 파닥거리는 어린 새를 보듯, 아이들은 그를 바라보았다. 훗날 그를 알게 된 한 여자는 그의 눈을 '죄책감을 불러일으키는 눈동자'라고 회상했다.

그런데 변성기가 찾아오자 모든 게 변해버렸다. 다른 아이들과 달리 그의 변성은 갑작스럽고 돌연했다. 그날도 그는 여느때처럼 심한 감기에 걸려 며칠 동안 학교에도 가지 못하고 있었다. 열도 높은데다 목이 꽉 잠겨 아무 말도 할 수 없을 지경이었다. 땀과 콧물이 쉴새없이 흘렀다. 그래서 시트와 베갯잇이 흠뻑 젖으면 어머니가 그것들을 잘 마른 것으로 갈아주었다. 세번째로 시트를 갈았을 쯤에야 비로소 열이 내리고 미친 듯 흘러내리던 콧물도 멈췄다. 그리고 오래 잠겨 있던 목도 풀렸다. 아, 아, 그릉그릉. 크르르르릉. 목청을 가다듬을 때마다 목에서 진득한 무언가가 거칠게 치밀어올라왔다.

몸은 아팠지만 기분이 나쁘지는 않았던 것으로 그는 기억했다. 말리는 어머니의 말을 듣지 않고 욕실로 들어가 욕조에 뜨거운 물을 받았다. 그리고 뜨거운 김 속으로 마르고 쇠약한 제 몸을 밀어넣었다. 그는 눈을 감고 입을 벌렸다. 후텁한 공기 속으로 뭔가 차가운 것이 지나갔다. 그는 눈을 떴다. 욕실 안에 낯선 목소리가 '앉아' 있었다. 훗날 그는 그 순간을 그렇게 표현했던 것이다. 낯선 목소리 하나가 '앉아'서 자신을 지켜보고 있다고. 그러니까 그때까지만 해도 목소리는 그의 몸속으로 들어와 그의 것이 되지 못한 채 욕실 안을 배회하고 있었던 것이다.

그가 입을 조금 더 벌리자 차갑고 미끈한 것이 호흡기로 훅 끼쳐드는 것을 느꼈다. 놀라 입을 다문 그는 잠시 후 조심스럽게 목청을 가다듬기 시작했다. 피아노를 조율할 때와 같은 단조로운 아, 아, 아, 소리가 욕실에 울려퍼졌다. 그것은 아주 매력적이고 감미로웠다. 일찍이 단 한 번도 들어본 적이 없는 생경한 목소리였지만 싫지는 않았다. 자꾸만 듣고 싶은 울림이 있었다. 그는 손바닥을 목울대에 대보고서야 그 매혹적인 목소리가 자기 목소리임을 알았다. 그는 나지막하게 노래를 불러보았다. 제 목에서 나와 욕실의 도기타일에 어지럽게 부딪혀 돌아오는 그 음성은 풍성하고 다채로웠다. 높은 음을 낼 때는 아주 예리한 칼로 웃자란 풀을 자를 때의 소리가 났고 낮은 음에서는 오래 무두질한 가죽으로 만든 북을 노련한 연주자가 섬세하게 두들기는 듯했다. 중간 음역대에서는 잘 숙성된 술이 그렇듯 독특한 성질이 여러 겹을 이루며 조화를 이루었다. 거친 야성은 도회적 세

런미와 어울렸고 피콜로의 음색을 닮은 고음이 바순을 연상시키는 저음과 포개져 감칠맛을 냈다. 그 절묘한 하모니만으로는 그 목소리가 가진 매력을 모두 설명할 수 없었다. 이 아름다운 목소리 속에는 어떤 날카롭고 위험한 것이 숨어 있었다. 소년은 욕실에 울려퍼지는 자기 목소리를 주의 깊게 들으며 그 속으로 더 깊이 들어가고자 애썼다. 아, 조심해. 소년은 몸서리를 치며 혼잣말을 했다. 생크림 같은 짙은 안개가 숲을 뒤덮고 있었다. 그 속에서 갑자기 순록 한 마리가 튀어나왔다. 이차선 도로의 한가운데에 멈춰 선 채 고개를 돌린 순록은 마치 동화 속의 유니콘처럼 보였다. 바로 그때, 기다렸다는 듯이 트럭 한 대가 맹렬한 속도로 달려와 순록을 들이받고는 잠시 도로 위에서 비틀거리다가 다시 안개 속으로 사라져갔다. 트럭이 지나간 길을 따라 순록의 붉은 피가 점점이 도로 위에 흩뿌려져 있었다. 그러나 순록은 보이지 않았다. 뿔이 어지러운, 그 우아한 초식동물은 어디로 갔을까?

그는 눈을 떴다. 그리고 노래를 멈추고 수건으로 몸을 닦았다. 욕실 밖으로 나오니 어머니가 손등으로 눈물을 찍어내고 있었다. 왜 우느냐고 그가 묻자 그녀는, 잘 모르겠다, 괜히 눈물이 나온다고 말했다. 엄마 나이 되면 가끔 이럴 때가 있단다. 말은 그렇게 했지만 실은 영문을 모르는 눈치였다. 그러다가 갑자기 그 몇 달 새 키가 부쩍 커버린 아들을 올려다보면서 눈을 크게 떴다. 너, 목소리가 변했네. 변성기인가보네. 그는 머리를 긁적였다. 제 목소리 좀 이상하지 않아요? 그녀는 잠시 뭔가를 생각하는 듯 미간을 좁혔다. 아니, 이상하지는 않은데, 좀 다른 사람이 된 것 같아. 내 아들 같지가 않아. 그녀는 아들이 변치 않았다는 것을 확인하려는 듯 소파에서 일어나 목욕으로 몸이 뜨거워진 아들을 꼭 껴안았다. 어이구, 우리 아들 맞네. 방에 들어가서 쉬어.

그날 이후부터 그의 인생은 완전히 달라졌다. 그는 사람들 앞에서 노래를 부르기 시작했다. 소문은 빨리 퍼졌다. 수업에 들어온 선생님들도 그에게 노래를 시켰다. 몇몇 여자애들이 앓아누웠다. 별로 슬픈 노래도 아니었는데 사람들은 눈물을 흘렸다. 그의 노래는 듣는 사람들 모두에게 자기 생애 가장 슬픈 순간들을 떠올리게 만드는 묘한 힘이 있었다. 체온도 올라가 그의 노래를 들을 때면 돌연 저릿, 한기를 느낀다는 사람들도 있었다. 내 평생 경험한 가장 달콤한 추위였어요. 당시 그의 노래를 들었던 한 여자는 훗날 이렇게 회고했다. 한 여선생은 그를 상담실로 불러냈다. 한참을 안절부절못하던 그녀가 손을 뻗어 그의 뺨에 갖다댔다. "미안해. 한 번만, 그냥 한 번만, 너를 만져보고 싶었어. 네가 정말 사람일까, 생각했단다. 어떻게, 어떻게 너는 그런 목소리를 가졌니. 그리고도 어떻게 그렇게 무심할 수가 있니? 넌, 넌 그게 아무렇지도 않아?" 그가 살아가는 동안 무수히 받게 될 질문세례의 시작이었다.

길지 않은 일생 동안 그는 많은 여자를 안을 수 있었다. 가끔은 남자와도 잤다. 여자도 그리고 남자도, 사실 그는 별로 좋아하지 않았다. 단지 그들이 간절히 원하는 것을 들어주었을 뿐이었다. 모든 사람의 예상대로 그는 스무 살이 되기 전에 직업가수의 길로 들어섰다. 대학은 가지 않았다. 남의 곡을 받아 음반을 냈고 여기저기서 콘서트를 했다. 그는 모두 다섯 장의 음반을 냈는데, 당대의 음악적 유행과 거리가 먼 노래들을 불렀던 것을 감안하면 꽤 큰 성공을 거둔 셈이었다. 기업적인 매니지먼트회사에 소속된 건 아니었지만 적지 않은 수의 열광적인 팬들이 있었다.

어느 가을밤, 행복한 미소를 지으며 알몸으로 뒹굴고 있는, 이름도 모르는 여자 옆에 누워 그는 이런 생각을 하기 시작했다. 사람들은 내 목소리에 반했다고들 하지. 그러나 나는 이 목소리를 얻기 위해 아무 노력도 한 적이 없어. 그냥 다른 사람처럼 변성기가 찾아왔을 뿐이야. 그리고 무슨 크리스마스 선물처럼 이런 목소리를 갖게 되었지. 그렇다면 언젠가, 마치 그 김이 가득한 욕실로 나를 찾아왔을 때처럼 다시 나를 떠날 수도 있지 않을까?

그런 생각은 처음이었다. 늘 당연하다고 생각해왔다. 새로 산 차를 몰고 주춤주춤 도로로 나서듯이, 그러다가 어느새 그 차가 자기 차라는 것을 추호도 의심하지 않게 되듯이, 그는 새로 얻은 목소리에 익숙해져 있었고, 그래서 그것으로 돈을 벌고 사람들의 마음을 빼앗는 것에 대해서 아무 의심도 하지 않았던 것이다.

그는 잠든 여자를 흔들어 깨워 집으로 돌려보냈다. 그리고 지하로 내려가 새로 산 스포츠카를 몰고 밖으로 나가 시내로 향했다. 가끔 사람들이 그리울 때마다 모자를 눌러쓰고 어두운 구석에 앉아 데킬라를 마시다 가곤 하는 클럽이었다. 자욱한 담배연기를 뚫고 들어가자 한 밴드가 악기를 점검하고 있었다. 기타 하나에 보컬 하나, 그리고 키보드로 이루어진 무명 밴드였다. 고등학생 정도로밖에 안 보이는 아이들이 앰프의 선을 점검하고 있었다. 그중에서도 보컬은 특히 어려 보였는데 무대경험이 거의 없는 듯 불안하게 눈동자를 굴리고 있었다. 연주가 시작되자 보컬은 눈을 감은 채 마이크를 부여잡고 음악에 집중하기 시작했다. 기타는 음이 잘 맞지 않았고 키보드는 자주 리듬을 놓쳤다. 한마디로 초보적인 수준의 무명 밴드였다. 어떻게 저런 실력으로 남 앞에 설 생각을 했을까? 그런데 보컬만은 달랐다. 형편없는 연주를 뚫고 서서히 제 존재를 드러내기 시작했다. 잘 훈련된 창법은 아니었지만 날것 그대로의 맹렬한 신선함이 살아있었다. 클럽의 공기가 바뀌기 시작했다. 민감한 귀를 가진 여자들이 먼저 수다를 멈췄다. 엑스터시에 취해 흐느적거리던 사내들이 고개를 들었다. 두번째 곡이 시작됐을 때는 클럽 안의 거의 모두가 무대를 보고 있었다. 그는 선글라스를 벗었다. 가수는 아직 여드름이 남아 있는 소년이었다. 몸은 비쩍 말랐고 목은 가늘어 마치 해바라기 줄기 같았다. 저렇게 야윈 몸이 어떻게 저렇게 무거운 머리를 지탱할 수 있을까? 그러나 그의 목소리는 놀라웠다. 그가 입을 벌려 소리를 내지를 때마다 클럽 안의 실내온도가 일 도씩 내려가는 것 같았다. 스스슥. 차가운 물이 클럽 안으로 스며들고 있었다. 소년의 이 매혹적인 목소리에도 어딘가 위험한 기운이 있었다. 낯설지 않았다. 소년의 노래를 들으며 그는 자기도 모르게 흐르는 눈물을 남몰래 닦았다. 바로 그때, 쉬이익, 턱! 거대한 무언가가 천천히 길고 무거운 꼬리를 부드럽게 흔들며 그가 앉아 있는 테이블을 지나 어두운 플로어를 가로지르고 있었다. 눈물로 흐려진 눈으로 그는 그것을 지켜보았다.

악어였다.

그토록 거대한 파충류가 꼬리를 흔들며 클럽 한가운데를 통과하고 있는데도 아무도 그것을 눈치채지 못하고 있었다. 악어는 노래에 빠진 사람들 사이를 유연하게 통과해 더 깊은 어둠 속으로 들어갔다. 온전히 그 안으로 사라지기 직전에 악어는, 뭔가 잊은 것이 있다는 듯, 쓰윽 뒤를 돌아보았다. 나를 찾는 걸까? 그의 온몸에 드르륵, 돌기들이 솟았다.

다섯 곡을 내리 부른 뒤 밴드는 무대 뒤로 퇴장했다. 그는 자리에서 일어나 무대 뒤에 마련된 옹색한 대기실로 갔다. 꽃다발을 든 여자들이 대기실 앞에 진을 치고 있었다. 몇 명은 그를 알아보고 소리를 질렀다. 그는 향수 냄새 풍기는 여자들을 젖히고 대기실의 철문을 열었다. 땀을 흘리며 악기를 챙기고 있는 세 명의 덜 자란 청년, 혹은 웃자란 소년들이 거기 있었다. 그는 보컬을 불렀다. 소년이 그에게로 다가왔다. 숨이 아직 거칠었고 눈은 꿈꾸는 듯 몽롱했다.

"무슨 일이시죠?"

그는 선글라스를 벗어 자기 얼굴을 보여주었다.

"노래 잘 들었어. 꽤 하던데?"

"아, 네."

소년은 그가 누구인지 전혀 알아보지 못하는 눈치였고 알고 싶어하는 것 같지도 않았다. 초조해진 그는 더 화려한 찬사로 소년의 마음을 사로잡으려 애썼다. 그러나 그럴수록 소년은 그를 지겨워하는 눈치였다. 어서 그에게서 벗어나 밖에서 꽃을 들고 기다리고 있는 소녀들에게 가고 싶어하는 것 같았다. 그는 소년에게 물었다.

"올해 몇살이니? 변성기는 지난 거야?"

돌아서려던 소년이 발길을 멈추었다. 그리고 뭔가를 말하려고 하다가 입을 다물었다. 그러자 처음부터 그를 못마땅하게 보고 있던 기타리스트가 다가와 그를 향해 가슴을 내밀며 물었다.

"그런 건 왜 물어보세요? 아저씨, 변태예요?"

그는 쫓기듯 대기실 밖으로 밀려났다. 클럽의 뒷문을 열고 나오면서 그는 도시의 더러운 어둠을 향해 조용히 혼잣말을 했다.

"이런, 개새끼."

그리고 차를 거칠게 몰고 여러 번의 신호 위반을 하면서 집으로 돌아왔다. 그는 독한 술을 마시고 잠이 들었다.

다음날 아침, 그는 느지막이 일어나 천천히 샤워를 했다. 그때까지도 그는 자신에게 어떤 변화가 찾아왔는지 전혀 모르고 있었다. 그는 머리를 말리고는 거실 소파에 앉아 지난 밤 여자 때문에 보지 못한 프리미어 리그 축구경기를 보았다. 근데 어제 그 여자 이름이 뭐였더라? 기억나지 않았다. 전반전이 끝나자 그는 휴대폰을 들고 매니저에게 전화를 걸었다. 오후의 일정이 궁금했기 때문이었다.

"어, 오늘 일찍 일어났네?"

매니저가 예의 반가운 목소리로 전화를 받았다. 어, 형 저예요, 오늘 말이에요, 라고 말하려고 했지만 그의 입에선 아무 소리도 나오지 않았다. 이상한 낌새를 챈 매니저가, 여보세요, 여보세요, 큰 소리로 외쳤지만 그는 아무 대답도 할 수 없었다. 그는 전화를 끊었다. 그리고 아, 아, 아, 입을 벌리고 목과 혀에 힘을 주었다. 마치 말이라는 것을 처음 배우는 시절로 돌아간 것 같았다. 그러나 아무 소리도 나질 않았다. 귀에는 이상이 없었다. 잉글랜드 프리미어 리그의 축구 중계는 정상적으로 잘 들렸다. 그는 고함을 치려고 해보았고 상상하기 어려운 고음을 내보려고도 했다. 역시 소용이 없었다. 그는 일 리터가 넘는 물을 마셨고 목이 아플 때마다 먹는 알약도 삼켰다. 신이 '리모컨을 집어들고 나라는 인간의 볼륨을 확 꺼버린 걸까? 이제 지겨워졌다고, 시끄럽다고, 채널을 돌려버린 걸까?

한시가 되자 그의 문자메시지를 받은 매니저가 집으로 달려왔다.

"야, 콘서트가 내일모레잖아. 장난치는 거지? 왜 이래? 이런 장난 나 싫어해."

매니저는 묻고 또 물었다.

"너 어제 뭐한 거야? 뭐 잘못 먹었어?"

그는 코앞에 앉아 있는 매니저에게 휴대폰으로 문자메시지를 보냈다.

"아무것도 안 했어. 그냥, 클럽에 가서 술 몇 잔 했어. 그게 다야."

매니저 역시 코앞에 앉아 있는 그에게 문자메시지를 통해 답장을 보내고 있었다. 사람들은 말을 못하면 귀도 안 들리는 줄 아는 것 같았다. 그는 병원에 가자고 했다. 그는 잠깐 쉬면 좋아질 거라고, 밤까지 지켜보다가 안 되면 병원에 가자고 다시 문자메시지를 보냈다. 그러고는 매니저를 달래 사무실로 돌려보냈다.

그러나 그의 목소리는 다시는 돌아오지 않았다. 그의 매니저가 그를 대신해 세상에 그 사실을 알렸지만 그 말을 곧이곧대로 믿는 사람은 아무도 없었다. 수많은 루머들이 떠돌아다녔고 파기된 계약에 대한 소송이 잇따랐다. 어떤 의사는 스트레스 때문이라며 정신과 치료를 권했다. 콘서트에 대한 압박 때문일 겁니다. 그 말을 믿지 않으면서도 혹시나 하는 마음으로 정신과 치료를 받았고 한의원에서 침을 맞았고 그밖에도 사람들이 권한 그 모든 것을 했다. 그러나 어떤 것도 그의 목소리를 돌려주지 못했다. 그러던 어느 날, 그는 자신이 살던 곳에서 감쪽같이 사라졌다. 보내다 만 문자메시지가 남아 있는 휴대폰과 돈과 신용카드가 잔뜩 든 지갑까지 남겨둔 채, 심지어 입으려던 바지까지 침대 위에 걸쳐둔 채, 그는 말 그대로 증발해버렸다.

그로부터 며칠 후, 그가 살던 아파트 잔디밭에서 악어 한 마리가 발견됐다. 악어는 입을 벌린 채로 죽어 있었다. 그 악어가 어디에서 왔는지 아무도 알지 못했고 그후로도 밝혀내지 못했다. 죽은 악어는 한 동물원으로 보내져 박제가 되었다. 그때부터 이 동물원에는 이상한 이야기가 떠돌기 시작했다. 깊은 밤이 되면 믿을 수 없이 아름다운 노래가 들려오곤 한다는 것이다. 그러면 모든 동물들이 갑자기 동작을 멈추고 그 노래를 듣는다는 것이다. 어떤 이는 암사자가 갑자기 눈물을 흘리더라고 했고 또 어떤 이는 홍학이 고개를 떨구고 슬퍼하더라고 했다. 동물원 전체에서 내내 태연한 것은 악어뿐이었다. 영원히 입을 다물 수 없게 된 박제 악어는 언제나 허공만을 응시하고 있다.

밀회

10월. 마크트플라츠에 떨어지는 햇빛은 어딘가 여성적인 데가 있습니다. 사람들은 햇빛을 따라 자리를 옮겨다닙니다. 웨이트리스들이 분주히 오가며 카푸치노를 나르고 관광객들이 주는 후한 팁을 챙깁니다. 머리가 하얗게 센 나이든 이들은 유명한 하이델베르크 성을 다녀오느라 지친 발을 따뜻한 광장의 포석 위에 내려놓고 호프 향 강한 맥주를 천천히 마십니다.

대학생들은 광장을 피해 자기들만 아는 골목길로 자전거를 타고 지나다니고 그런 골목에는 으레 헌책방이나 이발소, 좁고 어두운 맥줏집이 늘어서 있습니다. 테이블보를 깔지 않는 싸구려 레스토랑과 담배연기 자욱한 카페도 그들을 기다립니다. 나로선 관광객들이 득실거리는 하우프트슈트라세나 마크트플라츠보다는 햇볕이 잘 들지 않는 이런 좁은 골목이 더 좋습니다.

죽음을 생각하기에 좋은 곳은 바로 이런 곳입니다. 편안한 신발을 신고 느릿느릿 발걸음을 옮기는 늙은 관광객들과 제 몸의 힘을 이기지 못하는 젊은이들이, 마치 콘트라스트 강한 흑백사진의 명부와 암부처럼 도시를 양분하고 있는 곳. 눈을 들면 견고한 성이, 이제는 무용해져버린, 그 어느 것으로부터도 도시와 제후를 지킬 수 없고 또 그럴 필요도 없는, 이제는 겨우 제 아름다움으로 오직 자기 자신만을 보호할 수 있게 된 고성이 오래된 도시와 더 오래된 강을 굽어보고 있습니다. 그러나 자전거를 탄 젊은이들은 그런 것에는 관심이 없습니다. 그들은 이곳을 떠날 날만을 기다리고 있습니다. 그렇습니다. 그들은 떠날 것입니다. 잿빛 슈트에 눈부신 셔츠를 받쳐입고 일하는 금융의 중심지 프랑크푸르트나 정치의 도시 베를린으로 가겠지요. 더 대담한 이들은 런던이나 뉴욕으로 떠나 자신이 원하는 삶이 무엇인지를 알아보고자 할 것입니다. 그런 젊은이들을 보면 로마 제국 시대, 가도에 늘어선 묘비들처럼 심술궂게 속삭여주고 싶습니다. 곧 죽을 것을 잊지 말라고. 그런 젊은이들과 나는 밤마다 같은 바에서, 눈이 마주칠 때마다 미소를 교환하며 차가운 맥주를 마십니다. 가끔은 그들에게 술을 몇 잔 사기도 합니다. 무엇을 하든

시간은 흘러갑니다.

나는 안경점의 문을 열고 들어갑니다. 수천 개의 눈동자가 나를 바라봅니다. 나를 응시하는 텅 빈 눈동자들이 두렵습니다. 날

렵한 안경을 쓴 몸이 둔한 여자가 미소를 지으며 다가옵니다. 도와드릴까요? 나는 부드럽게 거절하고 안경들을 구경합니다. 점원은 다시 의자에 앉아 현미경을 닮은 광학기구를 들여다보고 있습니다. 나는 안경들을 써보기도 하고 거울에 그 모습을 비춰보기도 하면서 시간을 보냅니다. 한국의 안경점들이 거의 모든 안경테를 진열장에 보관하는 것과 달리 이곳에서는 누구나 쉽게 꺼낼 수 있게 벽에 거치대를 만들어놓았습니다. 그중 한 안경테가 마음을 사로잡습니다. 빛의 반사에 따라 자주색과 청색으로 변하는 티타늄 안경테를 집어들었습니다.

"이걸 사고 싶은데요."

점원은 밝은 얼굴로 안경테를 받아듭니다. 나는 끼고 있던 안경을 벗어 그녀에게 주었습니다.

"렌즈도 여기서 좀 했으면 합니다."

그녀는 내 안경을 받아 도수를 검사했습니다.

"똑같이 해드리면 될까요? 그럼 오후쯤에는 될 것 같아요."

"잘됐군요. 고맙습니다."

혹시 다른 나라를 여행하며 안경을 맞춰본 적이 있으십니까? 저는 한 번도 없었습니다. 옷도 사 입고 머리도 깎고 목욕도 해봤지만 이상하게 안경만은 하게 되질 않았습니다. 언제나 눈에 끼고 있는 안경을 아주 먼 곳에서 맞춘다는 것이 어쩐지 불경스러운 일만 같았습니다. 그래서는 안 될 것 같은, 아주 가까운 곳에서 미소를 주고받으며 값을 흥정해가며 사는 것이라고 생각했던 것입니다. 그러나 막상 해보니 안경을 맞추는 일만큼 말이 필요 없는 일도 없더군요. 그저 끼고 있는 안경을 주고 똑같이 해달라고 하면 되는 것이었습니다. 그리고 예전에 끼고 있던 안경은 그들이 준 딱딱한 케이스에 넣고 새로운 안경을 끼고 다니면 되는 것이었습니다.

안경점 밖은, 당연한 얘기지만, 거리였습니다. 다양한 인종들이 어지럽게 오가고, 자전거가 그들 사이로 달려가는, 그런 거리였습니다. 나는 가벼운 현기증을 느꼈습니다. 어느새 안경점과 그 바깥을 구분하고 있었던 겁니다. 아주 친근한 곳에서 낯선 곳으로 튕겨져나온 느낌이었습니다. 그렇게 짧은 시간에도 인간은 어딘가에 정을 붙일 수 있는 존재라는 것을 저는 새삼 깨달았습니다.

한 친구는 어느 도시에 가든 청바지를 사입습니다. 그래서 그 친구의 집에는 세계 각국에서 산 청바지로 옷장이 그득합니다. 대부분은 리바이스나 게스 같은 대중적 브랜드의 블루진입니다. 나는 그것들을 서로 구별할 수 없지만 친구는 기가 막히게 가려냅니다. 이것은 지난겨울 런던에서 산 진이고, 이것은 베이징에서 산 건데 어쩐지 가짜 같지만 나름의 매력이 있고……

"청바지를 사입고 나오면 이상하게 마음이 푸근해진다구."

그 마음을 알 것 같았습니다. 낯선 도시에서, 여행자들은 누구나 자기만의 의식을 치르는 것 같습니다. 그 친구처럼 청바지를 사는 친구가 있는가 하면 나처럼 서점에 들르는 사람도 있습니다. 아, 이곳에도 프란츠 카프카와 알베르 카뮈를 읽는 사람이 있고 연말이면 달력과 수첩을 사는 사람들이 있구나, 하는 생각을 하면 위안이 됩니다. 몇 년 전 들른 이스탄불의 서점에서는 이탈리아 여자처럼 화려한 머리를 한 여자가 아이와 함께 동화책을 고르고 있었습니다. 그런 장면을 보고 있노라면 그곳이 어디인지 나는 금세 잊어버리고 맙니다.

아, 저기 나의 그녀가 걸어오고 있습니다. 그녀가 저토록 아름다웠나. 나는 새삼 놀랍니다. 나는 그녀를 좀더 자세히 살펴보기 위해 콧등으로 손을 올립니다. 콧등에 걸쳐져 있을 안경을 치켜올리기 위해서지요. 그러나 내 콧등에는 아무것도 걸리는 것이 없습니다. 안경 없이도 세상은 선명하고 깨끗하게 잘 보입니다. 기분이 좋아집니다. 눈이 나쁘지 않았던 어린 시절로 돌아간 느낌입니다. 완전한 육체를 새로 부여받은 것입니다. 비둘기떼가 푸드덕거리며 날아올라 나와 그녀 사이를 가르고 지나갑니다. 날갯죽지에서 떨어져나온 깃털 몇 개가 광장으로 떨어집니다. 강하게 발달한 새들의 가슴근육이 거세게 꿈틀거리며 육박해오는 것을 느낄 수 있습니다. 새들은 고풍스런 사층 건물의 지붕 위에 내려앉아 햇볕을 쬡니다.

나의 그녀는 비둘기떼에는 관심을 두지 않고 마치 회사로 출근하는 경리사원처럼 또각또각 걸어갑니다. 나는 그녀를 따라갑니다. 터키인이 운영하는 케밥집에서 기름을 바른 양고기 냄새가 풍겨옵니다. 울퉁불퉁한 포석 때문에 그녀의 발소리는 다소

불규칙하게 들려옵니다. 또각또가닥딱또가닥. 고개를 돌리지 않아도 그녀와 나는 빵집을 지나고 있음을 압니다. 냄새 덕분이지요. 머리가 하얗게 센 늙은 여자 둘이 나란히 장바구니를 들고 빵집으로 들어갑니다. 나의 그녀는 기념품가게 앞에서 잠시 멈춥니다. 가게의 이름은 '큐브'입니다. '사랑하는 사람과의 추억을 영원히 간직하세요'라는 문구가 창에 붙어 있습니다. 아크릴 큐브 속에 컴퓨터로 찍은 사람들의 흑백사진이 들어 있습니다. 정확히는 흑백이라기보다 단색이라는 말이 더 마땅할 것입니다. 세피아와 회색 사이의 그 어떤 색입니다. 석양이 마지막으로 사라질 때, 낮의 하늘이 어둠에 그 자리를 완전히 내주기 직전의 색깔 같은 것입니다. 그러고 보니 저런 아크릴 큐브를 아주 오래전에 본 적이 있습니다. 신라왕의 금관 모형을 저렇게 아크릴 속에 넣어서 팔고 있었습니다. 그 큐브는 문진으로 써도 좋고 장식용으로 텔레비전 위에 올려놓아도 좋았지요. 나는 다시 하이델베르크의 큐브들을 그녀와 함께 유심히 살펴봅니다. 큐브 속의 사람들은 모두 웃고 있습니다. 웃지 않는 사람은 단한 사람도 없습니다. 모두가 맹렬히 웃고 있습니다. 으하하하하하. 큐브 속의 남녀, 큐브 속의 가족, 큐브 속의 친구들은 오직 웃기 위해 태어난 사람들 같습니다. 그러나 아무리 좋게 봐주려고 해도 그 큐브들은 불길합니다. 어쩐지 큐브 속의 사람들, 아크릴 큐브 속에 얼굴만 남겨두고 어디론가 가버린 그 사람들은 더이상 이 세상 사람이 아닐 것 같다는, 그런 생각이 듭니다. 나는 나의 그녀가 오직 그 가게 앞에서만 발걸음을 멈추고 있는 게 마음에 걸립니다.

그녀는 다시 걸어갑니다. 광장에 도착하자 왼쪽으로 방향을 틀어 네카어 강 쪽으로 내려갑니다. 나는 그녀가 어디로 가려는지 잘 알고 있습니다. 우리가 늘 만나곤 했던 네카어 강변의 그 작은 호텔로 가는 것이지요. 엘리베이터도 없는, 18세기부터 영업을 해왔다는 그 작은 호텔에서 우리는 벌써 여러 번 만나왔으니까요. 운이 좋으면 네카어 강이 보이는 방을 얻었고 운이 나쁘면 밤늦도록 관광객들이 시끄럽게 떠들며 지나가는 거리 쪽 방에 묵었습니다. 어느 쪽에 묵게 되든 우리는 그 호텔을 좋아했습니다. 응달이어서 늘 퀴퀴한 냄새를 풍기는 식당 곁의 작은 문을 열고 좁고 가파른 계단을 올라가면 몸피가 작은 테리어가 바닥에 내려놓은 고개도 쳐들지 않은 채 꼬리만 흔듭니다. 온통 하얗게 페인트칠이 된 작은 복도를 사이에 두고 열 개 남짓한 방이 옹기종기 모여 있습니다. 독한 담배로 목이 상한 늙은 여주인은 우리의 얼굴을 기억할 때가 훨씬 지났는데도 언제나 처음 보는 사람처럼 무심하고 무뚝뚝합니다.

그녀는 오래된 다리 앞에 멈춰 섭니다. 바로 옆의 호텔로 들어가지 않고 잠시 머뭇거리며 다리 쪽을 응시합니다. 터키인이 운영하는 잡화상 앞에서 손톱을 깨물며 한때는 파수병이 있었을 다리목의 탑을 올려다봅니다. 그러다 결심한 듯 다리 쪽으로 발걸음을 내딛습니다. 성문을 지나 길에 깔린 포석을 밟으며 천천히 아치형의 다리로 올라갑니다. 일본인 관광객들이 안내인의 설명을 들으며 즐거운 얼굴로 사진을 찍는 틈을 비집고 그녀는 조금 더 앞으로 나아갑니다. 그리고 난간에 몸을 기대고 아득한 네카어 강의 수면을 응시합니다. 네카어 강은 소리없이 흐릅니다. 자세히 내려다보아야 겨우 물의 흐름을 알 수 있을 정도입니다. 그래서 네카어 강은 강이라기보다 누군가가 이 아름다운 도시를 장식하기 위해 끌어들인 인공수로처럼 보입니다. 아, 저기 작은 보트 하나가 강을 거슬러올라가는군요. 물길을 표시한 부표들 사이를 이등변삼각형의 파문을 만들며 지나갑니다.

그녀의 담배는 언제나 골루아즈입니다. 강바람이 그녀의 허파에서 뿜어나온 연기를 휘감아 허공으로 가져가 흩어버리는군요. 마치 기다리기라도 했다는 듯 말입니다. 연기는 내가 있는 곳을 지나 더 높은 곳, 응결된 수증기들이 지상으로 내려갈 때를 기다리는 곳으로 올라갑니다. 그녀가 내뿜은 그 유독한 숨의 일부나마 내 것으로 하고 싶습니다. 그러나 그것은 모세혈관으로 빽빽한 생물의 폐나 부릴 수 있는 사치입니다. 그녀의 독한 숨은 허파가 없는 나를 지나 허공으로 사라집니다. 나는 허파를 갈망합니다. 공기의 그 허약한 물질성마저 그리워합니다. 그러고 보면 허파라는 것은 얼마나 멋진 것입니까? 흙으로 빚어진 우리 인간은 물을 마시고 공기를 삼키며 살아갑니다. 입으로 들어온 물의 대부분은 요도로 빠져나가지만 공기는 대체로 들어온 곳으로 다시 나갑니다. 인간의 몸이란 물을 통과시키는 하나의 관(管)이며 공기를 담아두는 튜브입니다. 폐 속의 공기로 우리는 말을 하고 노래를 부르고 남을 욕하고 한숨을 쉽니다.

열두 살의 나, 잔잔한 어느 호텔 수영장에 떠 있던 내 육체가 기억납니다. 나는 배영을 멈추고 두 다리를 물의 흐름에 내맡겼습니다. 검게 코팅된 물안경으로 창백한 태양과 위태로운 다이빙대가 보였습니다. 나는 한껏 숨을 들이마셔 허파를 부풀렸습니다. 가슴께가 수면 위로 떠올라 내가 더이상 가라앉지 않도록 해주었습니다. 두 귀는 물속에 잠겨 아무 소리도 들리지 않았습니다. 그런데 그 순간 누군가가 내게 말했습니다. "너는 해파리야." 나는 그때까지 해파리를, 투명한 몸을 흐느적거리며 물 위를 떠다니는 그 이상한 바다생물을 그때까지 한 번도 본 적이 없었습니다. 그런데도 그 음성을 듣는 순간 나는 내가 한 마리 해파리라는 것을 부인하지 못했습니다. 어쩌면 인간은 그 무엇이든 될 수 있는 것은 아닐까요? 새의 울음소리를 완벽하게 흉내내는 폴리네시아의 원주민처럼, 자칼의 가면을 쓰고 행진하는 아마존의 어느 샤먼처럼, 인간은 어떤 순간 완벽하게 다른 존재일 수 있는 게 아닐까요? 정말 인간은 삶의 전 순간을 오직 인간으로만 사는 것일까요? 그러니까 제 말은, 개나 돼지, 새나 물고기인 그 어떤 순간, 그것을 부인하기 어려울 때가 간혹은 있지 않은가 하는 것입니다. 그래서 불교도들이 전생을 믿는 게 아닐까요? 우리가 우리의 긴 윤회 과정 어디쯤에선가 왜가리나 멧돼지, 코끼리나 흰소였을 수 있다는 믿음은 왜 이렇게 자연스러운 것일까요?

"너는 해파리야."

나는 음성의 주인을 찾아 고개를 돌렸습니다. 오래 참았던 탁한 숨은 부글부글 부드러운 거품이 되어 밖으로 나가고 내 몸은 물속으로 가라앉았습니다. 나는 팔다리를 휘저으며 수영장 바닥까지 내려갔습니다. 믿지 않으시겠지만 그곳에는 내 머리통만한 푸르스름한 해파리가 있었습니다. 사람들의 발과 발 사이에서 부드럽게 유영하는 투명한 해파리를 쫓아 나는 힘차게 발을 굴렀습니다. 해파리는 약을 올리려는 듯 천천히 어린 소녀들의 가날픈 가랑이 사이를 지나 녹슨 동전들이 떨어진 바닥에 바싹 붙어 헤엄치다가, 내가 마침내 손을 뻗어 촉수를 움켜쥐려는 바로 그 순간 배수구의 철창 틈 사이로 사라져버렸습니다. 나는 두 손으로 철창을 잡고 매달려 끝을 알 수 없는 검은 구멍을 들여다보았습니다. 폐가 마침내 터져버릴 것 같은 순간, 나는 소녀들이 요란하게 소리를 지르는 틈 사이로 머리를 내밀어 푸아, 거칠게 숨을 내쉬었습니다. 물안경에는 김이 서리고 소독용으로 살포한 염소 냄새가 독하게 풍겼습니다. 나는 가끔 생각합니다. 열두 살의 그 해파리는 도대체 어디로 가버린 것일까요?

그녀는 골루아즈 담배를 석조난간에 비벼 끕니다. 그러고도 한참 네카어 강을 내려다봅니다. 어쩌면 그녀는 호텔에 오지 않을지도 모릅니다. 해마다 우리는

이게 마지막이라고, 다시는 보지 못할 거라고

다짐하곤 했으니까요. 그러면서도 우리는 해마다 여기에서 만났습니다. 그게 벌써, 하나, 둘, 셋…… 일곱 해가 지났습니다. 일곱 번의 밀회, 일곱 번의 섹스, 일곱 번의 헤어짐, 일곱 번의 다짐, 일곱 번의 체크아웃, 일곱 번의 거짓말.

"내가 한국을 떠나올 때만 해도 현지처라는 말이 있었어. 이제 보니 내가 그 짝이야."

작년이었던가요. 그녀가 호텔방에서 싸구려 와인을 마시며 말했습니다.

"넌 이렇게 왔다 가면 그만이잖아?"

그녀는 화를 내고 있었습니다.

"그건 나도 마찬가지야. 나도 널 만나기 위해 일 년을 기다려."

"아니야. 내가 기다리는 건 확실해. 그런데 넌 아닌 것 같아. 그건 분명히 다른 거야. 난 남겨진 거고 넌 다시 오는 거니까."

"네가 갑자기 결혼했을 때, 나도 경험해봐서 알아, 그런 기분."

"그래서, 복수하는 거니? 늙어가는 옛사랑을 모욕하는 게 좋아?"

"싫으면 안 오면 되잖아."

"그래, 다시는 안 올 거야. 정말이야. 나도 지긋지긋해."

그러면서 그녀는 내 눈두덩을 혀로 핥았습니다. 그것은 눈을 감으라는 우리 둘만의 약속된 신호입니다. 오래된 연인들은 자기들만 아는 몸과 마음의 암호를 갖고 있기 마련입니다. 우리도 그랬습니다. 눈을 감으면 육신 깊숙한 곳의 문이 열리고 청각과 후각, 촉각이 더 민감해집니다. 그 선예한 감각으로 서로를 더듬고 공격하고 극한의 순간까지 함께 치닫는 것. 아, 그것은 살아 있는 존재가 누릴 수 있는 가장 멋진 순간일 것입니다.

나는 매년 가을 프랑크푸르트에 왔습니다. 오직 그녀를 만나기 위해 왔다고 하면 그건 거짓말이고 실은 저작권을 사기 위해 온 것입니다. 10월, 프랑크푸르트에선 세계에서 제일 큰 도서전이 열리거든요. 나는 거기에서 기구를 타고 세계를 여행하는 사람의 이야기도 사고 로마에서 베이징까지 도보로 횡단한 사람의 기행문도 사고 일본 출신의 세계적인 재테크 전문가의 책도 샀습니다. 지금 와서 생각해보니 이상하게도 내가 산 책들은 모두 치열하게 살아가는 사람들의 이야기였군요. 그들은 북극에서 남극까지 같은 경도를 따라 여행하기도 하고 모든 것을 걸고 재산을 모으기도 합니다. 사람들은 자기보다 부지런히, 미친 듯이 살아가는 사람들의 이야기를 좋아하는 것 같습니다. 하지만 그렇게 산다는 것은 참으로 피곤한 일이기도 합니다. 나는 프랑크푸르트에서의 사흘 동안은 에이전트와 출판업자, 스카우터 들을 만나느라 녹초가 됩니다.

그러곤 서울로 바로 돌아가지 않고 이 하이델베르크로 와 며칠을 더 묵곤 했습니다. 그리고 그때마다 그녀를 만났습니다. 내가 네카어 강변의 벤치에서 도서전에서 받아온 샘플 책들을 읽는 동안 그녀는 내 무릎을 베고 잠을 잡니다. 나는 미리 준비해 온 폴리에스테르 담요로 그녀를 덮어줍니다. 너무 평화롭고 좋아서, 어쩐지 그 시간은 누군가 다른 사람의 인생에서 몰래 빌려온 것만 같은, 그런 시간이었습니다. 우리는 들킬 것을 염려하는 어린 도둑들처럼 조심스레 그 시간을 아껴 쓰곤 했습니다.

아, 그녀는 마침내 오래된 다리를 떠나 호텔로 향하는군요. 호텔은 다리 앞에 있습니다. 그녀는 황동 손잡이를 잡아당기고 호텔로 들어옵니다. 그리고 계단을 올라갑니다. 또가또각 삐거덕 또각. 나무계단의 소리가 정겹습니다. 나는 언제나 나무계단이 있는 집에서 살고 싶었습니다. 그러나 한 번도 그 꿈을 이루지 못했습니다. 나는 단층집과 아파트에서만 살았습니다. 인간의 무게를 묵묵히 견디며 조용히 신음소리를 내는 나무계단은 가져보질 못했습니다. 어쩌면 그래서 이 호텔을 택했는지도 모르겠습니다. 요즘 세상에 엘리베이터도 없다니! 그녀는 투덜거렸지만 나는 그게 더 마음에 들었던 것 같습니다. 나는 다시 태어난다면 나무가 되고 싶고 나무의 생을 마친 후에는 계단이 되고 싶습니다.

"남편은 좀 어때?"

그녀는 이 질문을 싫어하지만 그녀를 마주치면 꼭 그것부터 묻게 됩니다. 그녀의 남편은 짧고 굵은 목에 땅딸막한 몸을 가진 아마추어 레슬러였습니다. 취미로 레슬링을 하는 사람이 있다는 것을 나는 처음 알았습니다. 그는 본래 안양의 어느 중학교에서 영어를 가르치는 선생님이었는데 영어보다는 레슬링부를 지도하는 일을 더 좋아했다고 합니다. 학교에 건의해 레슬링부를 만든 사람도 그였습니다. 지도하는 선생의 열정 때문이었을까요? 그 학교의 레슬링부는 창단한 지 몇 년 안 돼 소년체전에 나가 준우승까지 했습니다. 그는 방과 후에도 아이들과 레슬링을 하며 시간을 보내곤 했습니다. 그는 학생들을 사랑했지만 그중에서도 한 명을 유독 아꼈다고 합니다. 아버지가 버스 운전을 하는 아이였는데 중학교 이학년 때 레슬링을 시작했습니다. 운동신경이 좋고 머리가 좋아 곧 두각을 나타내게 되었습니다. 사람들은 레슬링이 힘만 앞세우는 운동이라고 생각하지만 실은 판단력도 근력 못지않게 중요합니다. 그 아이는 다른 아이들이 집에 돌아간 후에도 매트에서 뒹굴며 시간을 보냈습니다. 그녀의 남편은 그런 아이의 파트너가 되어 함께 땀을 흘리곤 했습니다. 그러던 어느 날 사건이 벌어졌습니다. 정확히

　무슨 일이 일어났는지는 아무도

모릅니다. 두 사람 모두 그저 일상적인 스파링을 했을 뿐이라고 말했습니다. 단지 아이가 건 기술이 정확하게 들어가 남편의 몸이 허공에 붕 떴고 미처 준비가 안 된 상태에서 몸이 매트 밖으로 떨어졌던 것입니다. 머리가 바닥에 부딪히는 바람에 상당히 아팠지만 제자 앞에서 엄살을 부릴 수는 없다고 생각했기 때문에 곧 툭툭 털고 일어났습니다.

"제법인데",

정도의 말을 했겠지요. 아이들은 가끔 지나치게 승부에 집착하는 경향이 있다고 합니다. 이런 스파링에서도 온 힘을 다해 이기려고 하고 조금 위험할 수 있는 기술도 과감하게 구사를 하겠지요. 어쩌면 그 아이가 그렇게 심한 동작을 취한 데에는 다른 사람들은 모를 뭔가가 있었을지도 모릅니다. 어쨌든 그녀의 남편은 차를 몰고 무사히 집으로 돌아왔습니다. 그리고 다음날 정오가 되도록 늦잠을 잤습니다. 잠에서 깨어나면서 그는 가벼운 어지럼증과 두통을 느꼈습니다. 그러나 운동을 하는 사람들이 늘 그렇듯 대수롭지 않게 여겼습니다. 며칠이 지나자 두통과 어지럼증은 사라졌습니다.

그런데 또 며칠이 지나자 이상한 일이 하나둘 생기기 시작했습니다. 남편이 외박을 시작한 것입니다. 그녀는 사방팔방으로 수소문한 끝에 집 근처 한 여관에서 남편을 발견했습니다. 남편은 혼자 일어나 양치질을 하고 있었습니다. 여자가 자고 간 흔적 같은 것은 없었습니다.

"어떻게 된 거예요?"

그녀가 따져물어도 남편은 대답을 하지 않았습니다. 그녀는 며칠 후 평소 남편과 친하게 지내던 학교 동료를 찾아갔습니다. 늘 남편과 함께 삼겹살에 소주를 즐겨 마시던 국어 선생이었습니다. 그는 그녀를 보자 난처한 얼굴을 했습니다. 그녀는 직감적으로 아주 커다란, 쉽게 해결하기 어려운 문제가 생겼다는 것을 알아차렸습니다.

"저는 괜찮아요. 얘기해주세요."

동료는 연신 마른세수를 하며 곤혹스러워하다가 결국은 입을 뗐습니다.

"조선생은 부인을 의심하고 있습니다."

"네?"

"아, 그런 의심이 아니구요. 부인이 바뀌었다고 생각하고 있습니다."

"그게 무슨 말씀이세요?"

"그 친구도 그게 말이 안 된다는 걸 알고 있습니다. 그래서 고통스러워하고 있습니다. 그 친구 말로는 진짜 아내는 어딘가로 가버렸고 가짜 아내가 진짜 아내 흉내를 내며 집에 있다는 겁니다."

"미쳤군요."

"그렇지는 않습니다. 수업이나 뭐 다른 일은 아무 이상 없이 잘하고 있습니다."

그녀는 눈물을 흘리지는 않았다고 했습니다. 국어 선생이 외려 더 난감해하며 말을 이어가는 동안 그녀는 잠깐 내 생각을 했었노라고 고백했습니다.

"저, 위로가 될지는 모르겠습니다만."

그녀는 고개를 들어 그 국어 선생을 바라보았습니다.

"말씀하세요."

"그 친구는 저도 의심하고 있습니다."

"자기 입으로 그러던가요?"

"아니요. 그렇지만 뭔가 전 같지 않아요. 마치 낯선 사람 대하듯 할 때가 많아요. 아무래도 병원에 한번 데리고 가보시는 게……"

그녀는 남편을 설득해 여관에서 집으로 데리고 왔습니다. 그러나 남편은 마치 남을 대하듯 옷을 갈아입을 때도 문을 잠갔고 살가운 대화도 하지 않았습니다. 그녀는 하는 수 없이 시골에 계신 시어머니와 시아버지를 안양으로 불러올렸습니다. 그러나 남편은 자기 어머니와 아버지도 믿지 않았습니다.

"두 분이 제 부모님과 닮았다는 것은 인정하겠습니다. 그렇지만 두 분은 제 부모님이 아닙니다. 도대체 왜들 이러시는지 모르겠습니다. 나한테 원하는 게 뭡니까, 네?"

그는 고개를 돌려 부모와 아내를 외면했습니다. 모두에게 참으로 고통스런 시간이 천천히, 아주 천천히 흘러갔습니다. 몇 달이 지나서야 그들은 그가 겪는 문제의 원인을 알아낼 수 있었습니다. 그는 카푸그라증후군이라는 특이한 뇌질환을 앓고 있었던 것입니다. 바닥에 머리를 부딪혔을 때, 가벼운 뇌출혈이 일어났던 것입니다. 그런데 출혈이 일어난 부위는 하필 우뇌에서 친밀감에 대한 정보를 관장하는 부분이었습니다. 그 부분에 마비가 일어났기 때문에 그는 특히 그전까지 가까이 지냈던 사람들을 인식하는 데 혼란을 겪기 시작했던 것입니다. 의사는 이렇게 말했습니다.

"미친 게 아닙니다. 진짜 부모라면 응당 느껴야 할 친밀감이

전해지질 않기 때문에 자기 부모일 리가 없다고 생각하는 겁니다. 부인과도 마찬가지입니다. 쉽게 말해

　아주 가까운 사람을 낯선 사람처럼 느끼는

거죠. 본인도 아마 상당히 괴로워하고 있을 겁니다.”
　그들은 이혼하지 않았습니다. 남편이 이혼을 반대했던 거지요. '가짜 아내'와 이혼할 수는 없었을 테니까요. 언젠가 '진짜 아내'가 돌아오면 이 모든 연극은 끝나고 문제가 해결될 거라고 그는 믿었던 겁니다. 그러나 그런 일은 일어나지 않았습니다. 그는 누구와도 친밀감을 느끼지 못하는 삶을 계속 살았고 아내를 가짜라고 생각하면서도 그것에 적응했습니다. 마치 북한으로 끌려간 어부들이 새 배우자에 정을 붙이듯 그렇게 살았습니다.
　그는 이민을 떠날 결심을 했습니다. 어차피 낯선 사람에게 둘러싸여 있기는 마찬가지였으니까요. 그들은 프랑크푸르트에 한국식당을 열었습니다. 그게 벌써 십 년 전의 일이었습니다. 현대의학은 아직도 그의 병을 고치지 못하고 있었고 그와 그녀는 여전히 서먹한 채로 하루하루를 살았습니다.
　칠 년 전, 바로 이 호텔에서 나는 그녀에게 이런 말도 해주었습니다.
　“너무 괴로워할 것 없어. 병 같은 거 없이도 남처럼 사는 부부는 많으니까.”

"너도 그래?"

나는 아무 말도 하지 않았습니다. 그런 얘기를 내 입으로 하고 싶지는 않았습니다. 그녀는 나를 안아주었습니다. 그녀는 정말 내 모든 뼈가 으스러지도록 껴안습니다. 나는 그녀가 친밀감에 굶주려 있다는 것을 알기 때문에 설령 뼈가 부러지더라도 참을 생각이었습니다. 우리의 정사는 다른 사람들과는 좀 달랐습니다. 우리의 정사는 핥고 만지고 확인하고 더듬고 교환하는 것입니다. 피부와 피부를 맞대는 것, 문자 그대로 살을 맞대는 것입니다. 우리는 오래 껴안고 아주 오래 두드리고 더 오래 몸을 비벼댑니다. 우리는 서로를 의심하지 않습니다. 그녀가 훌쩍 독일로 떠난 지 삼 년 만에 우연히 프랑크푸르트의 한국식당에서 조우했을 때에도 우리는 서로 금세 알아보았습니다. 나는 식당을 나와 근처의 공중전화에서 방금 나온 그곳으로 전화를 걸었습니다.

"여기서 널 보게 될 줄이야."

"나도 내가 식당 주인이 될 줄은 몰랐어."

"나, 내일 하이델베르크에 갈 생각이야. 혹시 같이 가지 않을래?"

"그건 안 돼. 남편 혼자 남겨두고 갈 수는 없어."

그녀는 완강히 거부했습니다.

"보고 싶었어."

"우연을 운명으로 착각하면 안 돼."

나는 혼자 하이델베르크에 갔습니다. 시내를 거닐고 사진을 찍고 엽서를 샀습니다. 진한 흑맥주를 한 잔 마셨고 구운 닭다리를 먹었습니다. 그리고 밤이 되어 예약한 호텔로 돌아왔을 때, 그녀는 그 앞에 서 있었습니다.

"나 촌스럽지?"

그녀가 물었습니다. 그것이 우리의 칠 년간의 만남의 시작이었습니다. 우리는 이렇게 매년 똑같은 호텔에서 만나왔습니다. 당연한 얘기지만 그녀는 남편에게 죄책감을 갖고 있었습니다. 자기를 알아보지도 못하는 남편에게 웬 죄책감이냐고 물을 사람도 있을 것입니다. 그녀의 죄책감은 좀 복잡한 성질의 것입니다. 그 죄는 용서받을 수 없는 것이니까요. 그녀가 죄를 고백해도 남편은 무심할 겁니다. 진짜 아내가 아니니까요. '그럴 줄 알았어. 넌 가짜니까. 내 진짜 마누라는 절대 그런 짓을 하지 않지'라고 말할 것입니다. 그러니 마음대로 바람을 피울 수 있다고 생각한다면 그 사람은 인간이라는 복잡한 존재를 잘 모르고 있는 겁니다. 이제 그녀에게 다른 남자를 만나는 것은 오직 그녀 자신의 윤리와 관계돼 있습니다. 친구 하나 없는 이 낯선 땅에서 자기를 지키려면 어리석은 경건함 같은 것이 필요합니다. 그러나 그녀의 그런 경건함은 나로 인해 훼손되고 말았습니다. 그래서 그녀는 나를 미워했습니다. 우리가 처음 하이델베르크에서 만난 이후로 그때까지 그녀가 자신의 남편에 대해, 자기를 둘러싼 세상에 대해 견지하던 그 정신적 정당성은 사라져버린 것입니다. 어쩌면 나에 대한 증오가 그녀의 일 년, 또 일 년을 버티게 해준 힘이었을지도 모릅니다. 외로운 인간에게는 그런 감정의 버팀목이 필요하니까요. 우리의 관계는 그녀의 그 복잡한 죄책감과 증오, 친밀감에 대한 희구가 뒤섞인, 기이한 감정의 칵테일 같은 것이었습니다.

그러나 그 만남은 이제 더이상 이어지지 않을 것입니다. 나는 나의 그녀가, 아름다운 그녀가 내 방 앞에 서 있는 것을 봅니다. 그녀는 코트 주머니에서 오른손을 뺍니다. 그녀는 그 오른손으로 손잡이를 잡고 천천히 돌립니다.

"……있는 거야?"

그녀가 묻습니다. 나도 궁금합니다. 나는 있는 걸까요? 정말 존재한다고 말할 수 있는 걸까요? 내 육신이 거기 있다고 해서, 응, 있어, 나 여기 있어, 라고 할 수 있는 걸까요? 아, 대저 존재라는 것은 무엇입니까? 나는 분명 여기 있고 내가 사랑하는 사람을 보고 있고 그녀가 느낄 고통을 미리 느끼고 있는데, 그런데 나는 과연 없는 것일까요?

그녀가 망연하게 서 있습니다. 조심조심 다가와 침대에 누워 있는 내 어깨를 흔들어봅니다. 나는 그녀가 흔드는 대로 움직입니다.

"장난하지 마."

생각해보니 나는 이런 장난을 좋아했던 것 같습니다. 죽은 척하기. 그녀는 그때마다 깜짝 놀라곤 했는데 정작 실제로 그런 일을 당하니 그때처럼 놀라지는 않는 것 같습니다.

폭파해체되는 빌딩처럼 그녀의 몸이 무너지고 있습니다. 그녀는 오른손으로 화장대를 짚으려 하지만 빗나갑니다. 우당탕탕, 조금 큰소리를 내며 그녀가 방바닥에 쓰러집니다. 조금 전 격렬하게 경련을 일으켰던 내 염통만큼은 아니지만 그녀의 심장도 거세게 뛰고 있습니다. 그 소리를 나는 들을 수 있습니다. 나는 기쁩니다. 그것은 그녀가 살아 있다는 뜻이니까요. 그렇습니다. 그녀는 살아 있습니다. 그러나 그것은 과연 축복일까요? 그녀를 믿지 않는 남편과 날마다 찾아오는 낯선 손님과 세무서의 직원들 사이에서 살아가는 삶이 과연 그렇게 복된 것일까요? 나는 확신할 수 없습니다. 그러나 그런 고민은 이제 내 몫이 아닙니다. 나는 이 세계에 남아 있을 시간이 많지 않다는 것을 느낍니다. 어떻게 알 수 있는지는 모릅니다. 그러나 그것은 분명합니다.

그녀는 무릎걸음으로 걸어 호텔 밖으로 나갑니다. 그녀의 트렌치코트는 변태하는 곤충이 허물을 벗듯, 기어가는 그녀의 발뒤에 남겨집니다. 그녀는 마치 그 코트에서 갓 태어난 것처럼 보이기도 합니다. 복도로 나간 그녀는 독일어가 아닌 한국어로 외칩니다.

"사, 사람, 사람이 죽었어요."

아, 나는 보통명사, '사람'이 되었습니다. 그녀는 내 이름 대신에 나를 '사람'이라고 부르는군요. 프런트에 있던 뚱뚱한 독일 아주머니가, 한국말을 알 리가 없는 그 메이드가 숨을 헐떡이며 우리가 있는 층으로 올라오고 있습니다. 나의 그녀는 울고 있습니다. 나는 그런 비통한 눈물을 본 적이 없습니다. 자신을 알아보지 못하는 남편의 얘기를 하며, 그 고통을 말하며 그녀는 간혹 흐느끼곤 하였습니다만 그것은 제 운명을 억울해하는 자의 눈물이었습니다. 그녀의 울음은 입을 통해 나오는 것이 아니라 잘 익은 석류가 벌어지듯 제 육신을 찢고 뛰쳐나오는 것입니다. 그만큼 격렬합니다. 그녀의 그, 날것 그대로의 애도가 이토록 달콤할 줄은 몰랐습니다. 나는 위로받고 있습니다. 아, 망자는 원래 이렇게 잔인한 존재일까요? 생명의 피를 빨아먹고 흡족해하는 흡혈귀들처럼 지금 나는 저 처절한 애도가 마음에 듭니다.

멀리서 앰뷸런스의 사이렌 소리가 맹렬하게 들려옵니다. 자, 급할 것은 하나도 없어요. 나는 그들에게 얘기해주고 싶습니다. 정말이에요. 급할 게 없습니다. 다 끝났다니까요. 그래도 앰뷸런스는 나뭇잎 사이로 쏟아지는, 샤워기의 물줄기 같은 햇빛을 받으며 포석 위를 거칠게 달리고 있네요. 하긴, 죽은 자는 어서 망자들의 세계로 보내야겠지요. 그럼요. 그것은 시급한 일일 것입니다. 누군가 덜미를 잡아채 나를 끌어올리는군요. 나는 하우프트슈트라세를 가로지르는 비둘기떼를 뚫고 성령교회의 높은 첨탑을 아슬아슬하게 비켜 아주 높은 곳으로 올라갑니다. 나는 열두 살의 그 해파리처럼 투명한 육신으로 흐느적거리며 허공을 부유합니다. 나의 눈은 맑고 몸은 유연하며 정신은 명징합니다. 이 높은 곳에서 나는 오래된 도시를 내려다봅니다. 양갱처럼 검은 네카어 강에는 오렌지빛 석양이 깔리고 있습니다. 삶을 생각하기에 좋은 도시는 바로 이런 곳입니다. 나는 어쩐지 다음 생에도 이 도시에 오게 될 것만 같습니다. 사랑하는 당신, 안녕.

명예살인

그녀는 곱고 아름다운 피부를 가진 스물한 살의 여자였다. 아무것도 안 발라도 늘 촉촉하고 생기 있는 얼굴이었다. 바로 그 이유로 그녀는 피부과 병원의 접수 담당 직원으로 채용되었다. 일은 단순했다. 환자들의 이름을 받아적고 상냥한 목소리로 "잠깐만 앉아서 기다리세요"라고 말하고는 차트를 찾아 간호사들에게 건네주면 되는 것이었다. 그녀의 화사하고 투명한 피부는 환자들에게 병원에 대한 신뢰와 기대를 심어주었다. 갑자기 늘어난 환자로 병원은 북적거렸다.

그런데 어느 날 갑자기 그녀의 피부에 문제가 생기기 시작했다. 작은 뾰루지로 시작한 트러블은 점점 심해져 나중에는 얼굴 전체로 번져갔다. 아무도 이유를 알 수 없었다. 은행에서 빚을 내 개업을 한 젊은 원장은 처음에는 가벼운 마음으로, 나중에는 필사적으로 그녀에게 매달렸다. 그러나 그럴수록 그녀의 피부는 악화되었다. 붉은 반점이 울긋불긋 얼굴 전체를 뒤덮어 멀리서 보면 잘못 구워낸 피자처럼 보였다. 원장은 절망하며 제 머리를 쥐어뜯었고 간호사들은 그녀를 미워했다. 어느 봄날 그녀는 '모두에게 미안하다'는 글을 남기고 자살했다. 병원은 새로운 직원을 뽑았다. 그녀의 피부가 눈부셔 모두 눈을 감았다.

마코토

그가 처음 우리 앞에 나타난 것은 2000년 봄이었다. 그때 나는 갓 대학원에 들어와 석사과정을 밟는 새내기였고 그는 박사과정이었다. 그는 나타나자마자 우리의 주목을 끌었다. 대학원 국어국문과라는 곳은 지루한 동네라서 별것 아닌 일로도 술렁거리거나 뒤숭숭해진다. 뉴스라 봐야 고작 선배 중의 누가 어디 자리를 잡았다더라, 아니, 된 줄 알았는데 막판에 물먹었다더라 정도이다. 수학과처럼 수십 년간 풀리지 않던 난제를 풀어냈다거나 하는 빅뉴스는 거의 없었다. 간혹 연변에 간 연구자가 월북한 시인의 시를 몇 편 얻어왔다거나 하는 정도가 '학문상의 대발견'이었다. 천재도 안 나오고("공부는 자료싸움이야"), 모두의 질투를 한몸에 받는 신화적 스타도 나타나지 않았다. 도서관에 틀어박혀 오래된 자료들을 뒤적이고 있거나 뜬금없이 저 바다 건너 말발 센 철학자들의 골치 아픈 이론들을 따라잡느라 골치를 썩고 있었다. 한문학을 하는 애늙은이들이 있는가 하면 사전을 편찬한다며 하루 종일 용례를 만들고 있는 어학 전공자들도 왔다갔다했다.

그나마도 나 같은 날라리 석사과정에게는 먼 나라 이야기였다. 나는 고작 스물네 살이었고 학부 때부터 사귀던 선배와 헤어진 직후여서 오직 관심사는 그 오빠의 일거수일투족에 쏠려 있었다. 우리는 공식적으로 헤어지긴 했지만 학교에서 늘 마주쳐야 하는 사이였다. 또 그때는 그 죽일 놈의 쿨인가 뭔가 때문에, 헤어진 남자하고도 웃으며 만나야 한다는 억압 같은 게 이십대 사이에 팽배해 있었다. 우리가 왜 헤어져야 하느냐며 매달리자 그 오빠는 정색을 하고 이렇게 말했던 것이다.

"지영아, 너 왜 이래. 너 쿨한 애잖아."

쿨한 거 좋아하시네! 권총이 있으면 그 오빠 머리통에 대고 "어서 살려달라고 말해. 안 그러면 쏴버릴 거야"라고 말하고 싶었다. 그런 상황에서도 쿨이니 뭐니 종알대는지 보게. 그러나 우리나라에선 워낙 총을 구하기가 어려워 그 생각은 포기해야 했다. 나중에 총을 구하거든 꼭 해보리라 생각했지만 총을 구하기도 전에 어떻게 알았는지 오빠가 떠나버렸다. 갑자기 평화봉사단원이 돼서 인도네시아로 가버린 것이다. 난 그런 인간이 제일 싫다. 남한테 몹쓸 짓을 하고 미워할 수도 없게 만드는 인간. 아주 이기적인 것들이다.

마코토가 나타난 것은 바로 그 무렵이었다. 마코토는 헌칠한

키에 짙은 눈썹, 사슴 같은 촉촉한 눈동자로 지루하기 짝이 없는 일상에 신음하던 우리 과 여성들 사이에서 바로 주목을 끌었다. 국문과 남자들은 입학할 때 테스토스테론 제거 주사를 맞고 들어오는 게 아니냐는 농담이 여성들 사이에 횡행할 때였다. 멀쩡하던 녀석들도 대학원에만 들어가면 여성적으로 변해 호연지기를 잃고 도서관에만 틀어박혀 있었고 술이라도 한잔 걸치면 인생 살기 힘들다고 징징거렸다.

국어가 위험하다! 희정이 언니가 그렇게 외쳤을 때, 그것은 우리말이 위기에 처했다는 뜻이 아니라 국어 공부가 남성성을 앗아간다는 뜻이었다. 골초였던 희정이 언니는 아예 이렇게 주장하기도 했다. 담뱃갑처럼 『교양국어』표지에도 경고 문구를 써야 한다는 것이다. "지나친 국어 공부, 당신의 남성을 약화시킬 수 있습니다." 그런 시답잖은 농담을 하면서 여학생 휴게실의 여자들은 키득거리며 담배를 나눠 피웠다.

당시만 해도 한국으로 유학을 오는 외국 학생들이 많지 않던 시절이었다. 특히 국문학을 공부하러 일본에서 오는 학생은 정말 드물었다. 그런 면에서 마코토는 특별했다. 늙수그레한 노교수부터 우리 같은 학생들까지 모두 마코토에게 관심이 있었다. 그는 그냥 유학생이 아니라 일본 정부가 우리에게 보낸 외교관 같았다. 일본의 고위 관료가 망언을 해서 온 나라가 발칵 뒤집히던 날, 중세국어 가르치시는 박정용 교수님이 마코토에게 질문을 던졌다.

"마코토 군, 자네는 독도가 누구 땅이라고 생각하나?"

그러자 마코토는 머리를 긁적이며 이렇게 말했다.

"에, 저는 독도는 갈매기들의 것이라고 생각합니다."

"……"

한국 축구대표팀이 일본 축구대표팀과 경기를 벌이는 날이면 평소에는 내시 모드로 굽히고 살던 과 남자애들이 갑자기 자기 안의 남성성을 발견하곤 했다. 그런 날이면 일본인 특유의 애매한 미소를 지으며 거절하는 마코토를 굳이 끌고 대형 텔레비전이 있는 술집으로 몰려갔다. 마코토는 축구를 별로 좋아하지 않는다고 말했지만("에, 저는 요미우리 자이언츠의 팬입니다만……") 남자들은 그 말을 잘 믿어주지 않았다. 하는 수 없이 마코토는 두 시간 동안 꼼짝없이 붙들려 파란 옷과 빨간 옷을 입은 선수들이 왔다갔다하며 공을 주고받는 게임을 지켜봐야 했다. 그냥 도망가지 그랬냐는 내 질문에 마코토는 이렇게 말했다.

"음, 축구는 싫어하지만 맥주는 좋아하니까. 한국 팀을 응원하면 공짜 술을 실컷 마실 수 있잖아요."

마코토는 나보다 나이가 세 살이 많았지만 우리는 그냥 마코토 혹은 마코토 씨라고 불렀다. 마코토는 대학의 한국어과정을 6급까지 마쳐 우리말을 아주 잘했다. 발음이 약간 이상하긴 했지만 혀가 짧은 한국인의 발음과 비슷한 정도였다. 특히 한국 속담이나 사자성어를 아주 좋아해서 말끝마다 사자성어를 넣어 말하곤 했다.

"하하하, 메로나요? 저야 뭐, 언감생심이죠."

"그러게 말입니다. 제가 너무 나선 것 같아요. 은인자중해야죠. 만시지탄의 감이 있습니다만."

"이걸 저 주신다고요? 와, 꿩 먹고 알 먹고네요."

이런 식이었다.

솔직히 말하자면 당시 나는 마코토를 짝사랑하고 있었다. 잘생겨서도 아니고 상냥해서도 아니고 그 풍부한 유머감각 때문도 아니고, 그냥 그라는 인간 자체에 대해 관심이 간다, 고 일기에는 썼지만 지금 생각하면 완전 뻥이었다. 사실 나는 그가 잘생기고 상냥하고 유머감각이 풍부해서 좋아했던 것이다. 그런데 애써 부인하면서 엉뚱한 얘기만 일기장에 적고 있었다. 하여간 나는 약간 푼수처럼 그의 주위를 맴돌면서 접근을 시도했는데 마코토는 워낙 인기가 많아서 그 인(人)의 장막을 뚫고 들어가기가 쉽지 않았다. 그래도 나는 여자가 마음먹고 덤비면 웬만한 남자는 결국 넘어온다는 말을 믿고 호시탐탐 기회를 노리고 있었다.

마코토는 일본인이었기 때문에 한자에 아주 강했다. 그래서 나는 가끔 연구실에서 공부하는 그에게 한자를 물어보러 가곤 했다. 그럴 때면 마코토는, 에에? 이런 걸 모른단 말야, 하는 얼굴로 싱글거리면서 친절하게 한자를 가르쳐주곤 했다. 그가 하얀 종이에 내가 물어본 한자를 휘갈기는 모습은 참으로 멋있었다. 한자는 또 어찌 그렇게 잘 쓰는지. 아, 그의 품에 안겨서 사자성어놀이나 하면 얼마나 좋을까, 생각도 해봤지만 연구실에는 다른 언니들이 많았다. 언니들은 '이년아, 우리가 네 수작을 모를 줄 알아?' 하는 매서운 눈초리로 나를 노려보고 있었다. "지영아, 너 되게 예뻐졌다"라면서도 나갈 때는 "근데 갑자기 왜 그렇게 공부를 열심히 해? 잘하면 교수 되겠다. 한문학 교수"라고 비아냥거리곤 했다. 하여간 여자들이란.

마코토는 워낙 엉뚱한 소리를 잘 해서 나중에 우리는 그가 웬만한 소리를 해도 하나도 놀라지 않게 되었다. 한번은 몇 명이 같이 식당에서 밥을 먹고 올라와 벤치에 앉아 자판기 커피를 마시다가 화제가 친일 문제로까지 흘러가버렸다. 국문과에서 공부를 하다보면 그 문제를 피해갈 수가 없다. 일제시대는 사십 년 가까이 지속됐고 많은 작가가 자발적이든 아니든 그 문제와 관련돼 있었다. 그 문제를 피해갈 수 있었던 작가들은 요절했거나 국내에 없었거나 했던 몇몇밖에 없었다. 당연히 근대문학의 중요한 작가들, 특히 태평양전쟁 시기까지 활동하던 많은 작가가 친일을 했다. 식민지 시대 조선 작가들의 친일 문제가 마코토의 책임은 아니었지만, 그는 우리가 신임장을 수여한 일본 대사였으니 일본과 관련한 모든 문제에 답변할 책임이 있었다(고 우리는 생각했다).

그날 마코토는 진지한 얼굴로 이렇게 주장했다. 작가들이 바뀌었다는 것이다. 특히 이광수의 경우는 분명하다고 했다. 일본 제국주의자들이 진짜 이광수를 납치하고 가짜 이광수를 내세웠다는 것이다. 진짜 이광수가 말을 잘 듣지 않자 일본으로 유인해 감금하고 가짜 이광수로 바꿔치기를 했다는 것이다. 그래서 40년대 이후의 이광수는 더이상 조선어로는 글을 쓰지 못했고 썼다 해도 별볼일없었다는 것이다.

"찰리 채플린의 〈독재자〉라는 영화 보셨어요? 거기도 이발사가 독재자 역할을 대신하잖아요. 당시에는 텔레비전이 없었기 때문에 사람 바꿔치기가 아주 쉬웠어요. 요즘에는 텔레비전이 있어서 그런 일이 어려워졌지만요. 하하핫. 그러니까 이광수를 비롯한 친일작가들은 대부분 가짜, 하하, 가짜일 겁니다. 한국전쟁 때 납북됐다는 것도 아마 거짓말일 거예요. 다 일본으로 돌아가서 잘 먹고 잘 살고 있을 겁니다."

다들 긴가민가하며 그의 너스레를 들었지만 나는 그러는 그가 안쓰러워 견딜 수가 없었다. 아니, 그를 괴롭히는 이들이 너무 미웠다. 그는 서울 한복판에서, 그것도 민족주의자들이 득실거리는 국문과 대학원에서 일본인으로 살아가기 위해 우스꽝스런 가면을 쓰고 있었다. 그가 왜 자신이 갖고 있지 않은 광대의 영혼을 흉내내야 하는가? 나는 국문과의 그 민족주의 돌격대들과 내가 다르다는 것을 그에게 보여주고 싶었지만 기회가 잘 찾아오지 않았다.

참다 못한 나는 약간의 미친 짓을 결행했다. 지금 생각하면 헛웃음이 나오지만 그때는 나름 심각했다. 그때까지 나는 가족과 함께 강동구 고덕동에 살고 있었는데, 네 식구가 방 두 개짜리 집에 살려니 여간 고역이 아니었다. 엄마는 그 집이 곧 재건축이 될 거라며 다른 데로 이사하기를 거부했지만 이 글을 쓰고 있는 지금까지도 그 집은 재건축이 안 되고 있다. 하여간 나는 부모에게 집을 나가 학교 근처에 방을 얻겠다고 선언했다. 학교가 멀어 다니기가 너무 어렵고 공부할 시간이 너무 부족(지금도 얼굴이 화끈거린다)하다고 푸념을 했다.

"왔다갔다만 세 시간이 넘는단 말야! 지하철에 치한도 얼마나 많다고."

아무리 그래도 시집갈 때가 다 된 딸이 집을 나간다는 사실을 아버지는 받아들이지 못했다. 아버지는 실향민 가정에서 자랐기 때문에 가족이 헤어지는 것을 무엇보다 끔찍하게 생각했다. 내가 하고많은 과 중에서 국문과를 가게 된 것도 유학갈 가능성이 가장 적은 과였기 때문이었다. 결국 온 가족이 난리북새통을 겪은 후에야 나는 집을 떠날 수 있었다. 내가 그런 무리한 탈출을 감행하게 된 것은 마코토의 하숙집에 빈방이 있다는 정보를 입수했기 때문이었다. 나는 부모님에게 허락을 받기도 전에 그 하숙집을 찾아가 선금을 냈다. 그러고는 허락이 떨어지자마자 짐을 싸들고 하숙집으로 들어갔다. 마코토는 저녁에야 나를 발견하더니 깜짝 놀랐다. 나도 우연인 척 깜짝 놀라며 두 손으로 입을 막았다.

"어머, 마코토 씨도 여기 살아요?"

"아, 네. 지영씨가 여기 웬일이에요?"

"저, 집이 너무 멀어서 하숙을 좀……"

"지영씨 집은 서울이지 않아요?"

"아, 하여간 마코토 씨, 너무 반가워요."

"아, 예……"

마코토는 일본인 특유의 애매한 미소를 지으며 자기 방으로 올라갔다. 나는 뭔가 들킨 기분이었지만 무슨 상관이랴 싶었다. 이번 기회에 그가 내 마음을 알아차려준다면 뭐, 나야 나쁠 것 없지. 그렇게 나 편한 대로 생각해버렸던 것이다.

하숙집의 음식은 끔찍했다. 교도소의 콩밥이 조금 낫지 않을까 싶은 무성의한 식단이었다. 마코토를 제외한 다른 하숙생들도 끔찍하기는 마찬가지였다. 시끄럽거나 무례하거나 못생겼거나 재수가 없었다. 그런데도 그는 모두와 잘 지냈다. 하숙집 아주머니를 능청스럽게 이모라고 불렀고 다른 하숙생들과는 밤마다 술을 마시러 다녔다. 학부생 여자애들이 예의도 없이 마코토의 방으로 쳐들어가 유치하기 짝이 없는 369게임 같은 걸 하자고 괴롭혀도 그는 늘 생글생글이었다.

아, 마코토는 성자였다. 머더 테레사처럼 이 혼탁한 세상에 내려와 모두를 행복과 구원의 길로 인도하는 살아 있는 성인이었다. 그에게는 나쁜 인간성도 문제가 되지 않았고 소금사태인 희멀건 된장국도 신선의 음식이었다.

하숙집의 성자에게 접근하기는 쉽지 않았다. 그렇다고 이런 꿀꿀이죽을 먹으며 계속 여기서 버텨야 한단 말인가. 나는 마코토가 학교에 가는 시간을 알아냈다. 그는 아침 일곱시면 하숙집에서 주는 아침을 먹었는데, 그때 이미 발치에는 학교에 들고 갈 가방이 놓여 있었다. 반면 나는 오전에는 수업을 거의 잡지 않는, 아침잠이 무척이나 많은 사람이었다. 그러나 마코토와 함께 등교하기 위해서는 일찍 일어나야만 했다. 진달래와 목련, 라일락이 피어 있는 아름다운 그 길을 마코토와 함께 모두의 시샘을 받으며 걸어간다는 건 생각만 해도 즐거웠다. 그러나 그러려면 일단 아침에 눈을 떠야 하고 세수와 화장을 해야 했다. 아침 여섯시에 눈을 뜨고 자리에서 일어난다는 프로젝트에 거듭 실패한 뒤, 나는 아예 잠을 자지 않기로 결심했다. 보병 일개 중대를 모두 중독시키고도 남을 카페인의 도움으로 아침까지 눈을 부릅 뜨고 버틴 끝에야 나는 하숙집의 성자와 함께 푸성귀를 나누는 영광을 누릴 수 있었다. 마코토는 일본인답게 밥을 젓가락으로 먹었다. 왼손으로 밥그릇을 들고 오른손으로는 젓가락의 끝 쪽을 쥐고는 능숙하게 밥알들을 자기 입안으로 튕겨넣었다. 장아찌류의 반찬들을 밥 위에 얹어 간장에 비벼 먹기도 했다. 나는 마코토에게 젓가락질을 제대로 못한다는 것을 들킬까봐 몇 숟갈 안 되는 밥을 숟가락 끝으로 깨작거렸다.

"지영씨는 아침 안 먹는 사람인 줄 알았는데요."

마코토가 그 능란한 젓가락질 중에 말을 걸어왔다. 아니, 나한테 관심이 있었단 말이야?

"어디서 들으니 아침을 먹으면 건강에 좋다고 해서 이제부터 먹으려고요. 마코토 씨는 아침 꼭 드시나봐요?"

하숙집의 다른 여우들이 '어이구, 놀고 있네'라는 표정으로 나를 바라보고 있었다.

"잘 먹어야죠. 이게 다 먹고살자고 하는 건데요."

마코토의 말에 여우들이 자지러지듯 웃어댔다.

"마코토 씨, 한국말 너무 잘하신다. 호호호."

"아리가토 고자이마스."

마코토가 이번에는 일본말로 장난스럽게 답례를 했다. 내가 보아하니 그 하숙집의 여우들 중 한두 명은 분명 나처럼 밤을 새운 것 같았다. 눈은 퉁퉁 부어 있는데 어느새 화장들은 다 마친 상태였다.

어쨌든 나는 상쾌한 아침 공기를 가르며 마코토와 함께 학교까지 걸어갈 수 있는 기회를 잡았다. 하숙집의 그 끔찍한 식사와 소란스런 밤과 냄새 나는 이불까지 모두 용서할 수 있을 것 같은 아침이었다.

"마코토 씨는 왜 한국에 왔어요?"

"에, 그게, 고등학교 때 여자친구를 사귀었는데요."

오, 로맨틱한데. 음, 좋아, 좋아. 계속해, 마코토. 이 누나가 널 위로해줄게.

"그 친구가 재일(在日)이었어요. 국적은 조선이었고요. 그래서 도대체 조선이 어디 있는 나라야? 지도에서 찾아보니 아주 가까웠습니다. 근데 자세히 보니까 위는 조선이고 아래는 한국인데, 물어보니까 조선은 가기가 아주 어렵다고 하고, 그래서 뭐, 비슷하겠지, 하는 마음으로 한국에 관심을 갖게 되고, 그러다보니 자꾸 한국과 관련된 게 눈에 띄고, 그러다보니 이렇게 된 거지요."

음, 분단 문제는 패스.

"그 여자친구하고는 어떻게 됐어요?"

"대학에 들어가서……"

"와세다요?"

"어, 어떻게 아세요?"

"아, 학기 초에 자기소개할 때 들었어요."

"얘기 안 한 것 같은데."

마코토는 고개를 갸웃거렸다. 나는 얼른 화제를 돌렸다.

"어쨌든요. 대학에 들어가서요?"

"여자친구는 대학에 진학하지 않고 조선인들을 대상으로 하는 신용협동조합에 경리로 취직을 했어요. 그래도 계속 만나고 있었는데 어느 날 그 친구 아버지하고 삼촌들이 왔어요. 삼촌이 열 명이나 되는 사람은 처음 봤어요."

"아버지가 뭐라셨는데요?"

"파친코 업체를 운영하는 분이셨는데요, 업소가 도쿄(東京)에 다섯 군데, 오사카(大阪)에 세 군데 있다고 하시더군요. 그러면서, 내 딸하고는 앞으로 만나지 마라. 대신 우리 가게에 오면 좋은 기계 앞에 앉혀주지. 무슨 뜻인지 알지? 그러시는 거예요."

"그게 무슨 뜻인데요?"

"에, 그게, 자꾸 얼쩡거리면 쥐도 새도 모르게 죽여서 도쿄 만에 던져버린다는 뜻이었겠죠?"

"정말요? 설마……"

"음, 그 삼촌들을 직접 보셨다면 아마 금방 이해가 됐을 거예요. 그야말로 백척간두에 풍전등화였죠."

"그래서 어떻게 하셨어요?"

"헤, 호랑이 굴에 끌려가도 정신만 차리면 산다고 하잖아요. 그래서 정신을 똑바로 차리고, 그렇게 하겠다고 했죠."

"엥, 그게 뭐예요? 그래서 그렇게 그냥 헤어진 거예요?"

마코토는 그걸 묻는 내가 이상하다는 듯 발걸음을 멈추고 눈을 동그랗게 뜨며 되물었다.

"아니, 그럼 어떻게 해요? 목숨은 하나뿐이잖아요."

하긴 그렇지. 음, 너무 다그치지는 말고 따뜻하게 다독여주자.

"공부는 좀 어때요? 유학생활 힘들지 않으세요?"

"하나도 안 힘들어요. 아주 재미있어요."

"뭐가요?"

"한국 사람들이 재밌어요. 처음에는 좀 이상했는데, 이제는 좋아요. 예를 들어, 한국 친구들은 놀러오면 냉장고를 열고 음료수를 꺼내 먹잖아요?"

"그렇죠."

"일본에서는 상상도 하기 어려워요. 남의 집 냉장고를 연다는 것은."

"아, 그렇군요."

"부엌은 그 집 주부의 가장 은밀한 공간이거든요. 그런데 한국 친구들은 그런 경계가 별로 없어요. 처음에는 무례하다고 생각했지만 나중에는 그게 아주 편하더라고요. 저도 한국 친구 집에 가면 냉장고 열고, 음, 뭐 맛있는 거 없나 찾아보고, 주스도 꺼내 먹고 콜라도 마시고 벌렁 드러누워서 낮잠도 자요. 하하, 점입가경이죠."

내 방으로 와, 마코토. 나는 언제나 열려 있어. 냉장고는 없지만 와서 양파링이라도 먹으렴, 응?

"공부도 재밌어요. 일제시대의 경성이라는 공간도 흥미롭고요. 도쿄보다 훨씬 재밌는 것 같아요."

"논문은 뭘로 쓰실 거예요?"

"김사량으로 쓸까 생각중이에요. 일본으로 건너가 일본어로 문학을 한 조선 작가들이 궁금해요. 나랑 비슷하잖아요. 서울에 와서 한국말로 논문을 쓰고 있으니까요. 이방인들, 소수자들, 쫓겨난 사람들, 그냥 혼자인 사람들, 잘 모르는 세계에서 낯선 말로 자기를 표현하는 사람들, 그런 사람들이 궁금해요."

그 순간, 나는 마코토의 마음을 가리고 있던 어떤 빗장이 살짝 열린 느낌을 받았다. 여성의 직감이랄까. 거기에는 마코토의 진심이 있는 것 같았다. 아, 너 정말, 외로운 사람이로구나. 나는 마코토가 마음껏 기댈 수 있는 영혼의 안식처가 되리라 굳게 결심했다.

그런데 그 무렵, 나만큼이나 노골적으로 마코토를 노리는 여자애가 하나 있었다. 학부 삼학년생이었는데 피부가 뽀얗고 얼굴은 갸름하여 남자깨나 홀리게 생긴 애로 이름은 현주였다. 한마디로 내숭덩어리였고 우리 여자들 모두가 싫어하는 타입이었다. 화장법도 특이해서 얼굴을 푸르뎅뎅한 좀비처럼 보이게 만들었는데 이게 여자들한테는 뜨악해도 남자들한테는 효과가 있었다. 그 죽일 놈의 기기묘묘한 납량특집 화장술 덕분에 현주는 늘 어딘가 아픈 여자처럼 보였다. 꼭 폐결핵이라도 걸린 핏기 없는 얼굴을 하고 힘없이 돌아다니며 남자들만 보면 알듯 모를 듯한 미소를 지었다. 어쩌다 자기한테 불리한 얘기가 나오면, "미안, 내가 좀 어지러워서. 빈혈인가봐" 이러면서 싹 사라지고 술자리에서는 툭하면 기절을 해버리는 통에 분위기를 깨버렸다. 여자들만 있는 술자리에서는 한 번도 쓰러지질 않던 애가 왜 괜찮은 남자만 있으면 혼절을 하는 것인지, 우리는 그 속셈을 뻔히 알면서도 어쩔 도리 없이 그저 바라만 보고 있었다. 웃기는 게, 그 계집애는 쓰러질 때도 어떤 절차와 의식이 있었다. 그냥 콰당, 하고 볼품없이 나자빠지는 게 아니라, 오른손을 힘없이 들어 볏단처럼 천천히 옆으로 기울어지는 머리를 지탱이라도 하려는 듯 갖다댄다. 그러고는 "아아" 하는 가벼운 신음소리를 내며 아주 천천히, 우아하게, 무릎을 살짝 접으며 무너지는 것이다. 그러니 일단 그애 오른손만 관자놀이 부근으로 가도, 머리가 오른쪽으로 살짝 기울어지기만 해도 남자들이 먼저 벌떡 일어나

오두방정을 떨며 부축을 했다. 그래서 현주는 결국 한 번도 바닥에 대자로 뻗은 일 없이 남자애들 품에 안겨 슬며시 정신을 차리는 것이다. 이 무슨 18세기 베르사유 궁전에서나 통하던 수법이란 말인가. 한번은 개가 또 그 수작을 부릴 때 희정이 언니가, "야, 그냥 놔둬. 쟤 괜히 저러는 거야"라고 했다가 천하에 인정머리 없는 악녀 취급을 받았다. 그날따라 현주는 평소보다 더 오래 눈을 감은 채 정신을 잃고 쓰러져 있었다. 희정이 언니도 세지만 현주도 만만치 않았다. 하도 오래 쇼를 하는 바람에 하마터면 119 앰뷸런스에 실려갈 뻔했던 것이다.

들리는 말로는 그애 아버지가 두바이에서 석유를 수입하는 일을 한다던데, 우리 여자들은 그 모든 게 뻥이라는 것을 잘 알고 있었다. 어느 날, 텔레비전에서 두바이 산 원유 가격이 치솟는다는 얘기를 듣고는 즉흥적으로 생각해낸 게 틀림없었다. 그런 거짓말이 한두 가지가 아니었지만 얼마나 교묘한지 하나도 들통이 나질 않았다. 현주는 그런 재능을 살려 아예 소설 창작도 했다.

"저는 소설 쓰고 싶어서 국문과에 온 건데, 와보니 학문을 하는 곳이더군요. 하지만 앞으로도 문학을 사랑하는 선배님, 그리고 친구 들과 많은 이야기 나누고 싶어요. 잘 부탁합니다."

현주의 소설은 딱 한 편밖에 안 읽어봤지만, 분명 어디선가 베껴 이리저리 짜깁기한 게 분명한, 짝퉁 소설이었다. 나름 잘 읽히고 문장도 그럭저럭 괜찮았지만 늘 남자들만 따라다니는 얼빠진 애가 그런 글을 온전히 자기 힘으로 썼을 리가 없었다. 국문과나 학내 문학동아리의 일부 눈이 어두운 바보들은 현주가 쓴 소설을 높이 평가하기도 하는 모양이지만 나는 첫눈에 딱 알아보고 그뒤로는 아무리 사람들이 떠들어대도 들춰보지도 않았다. 한번은 어떤 오빠가 날더러, "야, 읽어보고나 얘기해. 넌 읽어보지도 않았잖아. 현주 소설 괜찮아"라고 역성을 들기에, "그걸 꼭 읽어봐야 알아?" 하면서 따끔하게 한마디 해준 적도 있었다. 남자들은 현주에게 한번 넘어가면 아주 정신을 못 차렸다. 현주는 불쌍한 애, 착한 애라고 단정을 짓고, 그런 선입견에 입각해 소설을 읽으니 다 좋아 보이는 것이다. 그래가지고 무슨 문학을 전공한다고. 하여간 남자를 홀리는 현주의 재능 하나만큼은 탁월했다. 언젠가 한번 연구해볼 가치가 있다고는 생각하고 있었다. 그리고 나와 관계만 없다면 나도 신경쓰지 않고 살아가려고 마음도 먹고 있었다. 문제는 이 계집애가 마코토를 노리기 시작했다는 것이다. 이상하게 마코토가 나타나는 술자리에는 꼭 요게 와서 앉아 있거나 나중에라도 나타났다. 나는 혹시라도 애가 또 기절을 해서 마코토의 넓은 품에 안기는 일이 없도록 늘 곁에서 밀착 마크를 했다. 마코토와 현주가 붙어앉아 있으면 화장실에 가는 척하고 나갔다가 돌아와 굳이 그 가운데로 끼어들어 둘 사이를 갈라놓았다. 그리고 현주에게 다정하게 말을 걸고 관심을 보여 기절할 틈을 내주지 않았다. 나는 농구 천재 허재(그때만 해도 허재는 현역이었다. 그가 이제는 감독이라니, 갑자기 서글퍼진다)를 막아야 하는 상대 팀의 가드처럼 한시도 그애에게서 눈을 떼지 않았다. 패스는 차단하고 슛은 블로킹해야 했다. 그러나 현주는 역시 현주였다. 내가 잠깐 방심한 사이, 그러니까 희정이 언니하고 다음주 발표 스케줄 때문에 잠시 대화를 나누느라 움직임을 놓친 사이, 현주는 마코토의 곁에서 천천히 무너지고 있었다. 안 돼! 나는 마코토가 상황을 파악하기 전에 벌떡 일어나 그애 등뒤로 돌아가 옆구리에 양손을 넣어 부축했다. 생각보다 꽤 무거웠다. 현주는 내가 부축하는 줄 뻔히 알면서도 더 깊이 몸을 던졌다. 나는 현주의 귓가에 속삭였다.

"야, 이현주, 쇼 그만하고 정신 안 차려? 나야 나, 지영이라고."

그러자 현주가 슬그머니 눈을 뜨는 것 같았다. 그러나 이내 비웃듯 입꼬리를 슬쩍 치켜올리는 것 같더니만 다시 맥없이 눈을 감아버렸다. 양심이 있다면 그쯤에서 정신을 차릴 줄 알았다. 그러나 그건 그애를 과소평가한 것이었다. 현주는 다시 눈을 감았고 몸을 온전히 내게 맡겼다. 나는 그애를 품에 안은 채 무게를 감당하지 못해 뒷걸음질을 치다가 결국 바닥에 엉덩방아를 찧고 말았다. 나는 해부실의 개구리처럼 우스꽝스럽게 대자로 나자빠졌지만 현주는 잠자는 숲속의 공주처럼, 마치 백 년 동안 편안히 자고 있었다는 듯 내 몸 위에 살포시 자기 몸을 포갠 채 쓰러져 있었다. 그제야 바로 옆에 있던 마코토가 내게서 현주를 낚아채 자기 등에 들쳐업었다. 비난의 눈길로 나를 쳐다보더니 현주를 업은 채 술집 밖으로 내달리기 시작했다. 그 순간, 나는 현주와 마코토가 내가 생각한 것 이상으로 이미 진도가 많이 나가 있다는 것을 깨달았다. 이것도 그냥 여자의 직감이라고밖에는 말할 수 없는 것이지만 하여간 내가 그 둘의 사이를 제대로 알게 된 것은 바로 그 순간이었다.

들자하니 현주는 동네 무슨 한방병원에 가서 침도 맞고 링거도 맞고 뭐 이런저런 별 필요도 없는 처치를 받고서야 정신을 차렸다고 한다. 흥, 그러거나 말거나.

그 기절사건 이후로 현주는 대놓고 마코토의 하숙방을 방문하기 시작했다. 마치 뒤늦게 부모의 허락을 받은 청소년 커플 같았다. 우리 사이, 다 아시잖아요? 이렇게 공개적으로 만나는 게 더 건전하지 않습니까, 라고 말하는 것만 같았다. 그렇게 둘이 시시덕거리는 하숙집에 함께 있는 건 너무 고통스런 일이었다. 나는 과 조교로 자원했고 학교에서 많은 시간을 보내게 되었다. 하지만 그렇다고 둘을 피할 수는 없었다. 한번은 강의 배정 문제로 공동 연구실에 있는 시간강사 선배를 찾아갔다가 둘과 딱 마주친 일이 있었다. 연구실에는 내가 만나러 간 선배는 없고 마코토와 현주만 있었는데 흐트러진 옷매무새, 이상하게 어질러진 책상이 눈에 들어왔고 공기중에 감도는 달콤한 비린내 같은 게 방에 들어서자마자 훅 끼쳐들었다. 둘은 당황한 빛이 역력한 얼굴로 허둥댔다. 369게임을 한 게 아닌 것만은 분명했다.

"아, 서, 선영씨, 무슨 일로?"

마코토가 더듬거리며 물었다.

"저, 선영이가 아니라 지영이에요. 영진 선배한테 뭘 좀 물을 게 있어서 왔는데 안 계시네요. 근데 현주 넌 여기 웬일이니?"

현주는 아무 말도 하지 않았다. 도대체 이런 상황에서 대답이 왜 필요하냐는 듯, 태연한 얼굴로 나를 빤히 쳐다볼 뿐이었다. 야, 너, 블라우스 세번째 단추 풀렸다, 고 말해주고 싶었지만 나는 그냥 얌전히 물러나왔다. 그리고 그날 이후로 마코토에 대한 마음을 접었다(흑, 내 이름까지 헷갈리다니⋯⋯). 현주의 하숙집 출입은 점점 더 잦아졌고 그에 따라 내 기상시간은 점점 더 늦어졌다. 그리고 마침내는 하숙집을 떠나 고덕동의 집으로 돌아갔다. 다니기 힘들어 죽겠다더니 왜 기어들어왔느냐고 엄마가 물어보는 순간, 나도 모르게 서러운 눈물이 확 터져나왔다. 눈물을 감추기 위해 엄마를 와락 껴안고 나는 일곱 살 이래로 가장 서럽게 엉엉 울었다.

"엉엉, 밥도 너무 맛이 없고 반찬도 거지 같고 하숙집 아주머니는 무섭고 하숙집 인간들은 서울내기라고 막 따돌리고⋯⋯ 엉엉."

엄마는 이해를 하는 것 같지는 않았지만 그냥 받아주었다. 하숙집 밥이 맛이 없으면 얼마나 없다고 그렇게 서럽게 울겠는가 말이다.

나는 석사과정을 끝으로 학교를 떠났다. 친구들에게는 공부를 더 하고 싶지 않다고 말하고 다녔지만 실은 마코토와 더이상 마주치고 싶지 않았기 때문이었을 것이다. 몇 년 후, 마코토가 김 사량을 다룬 논문으로 박사학위를 땄다는 소식도 몇 다리 건너 전해들었다. 논문이 꽤 훌륭해서 선생님들이 상당히 자랑스러워 했다고 한다. 설마 이광수가 가짜다, 식의 황당한 이야기를 쓰지 는 않았겠지, 라고 혼자 생각하며 피식 웃었던 기억이 난다. 그 러나 그때는 그에 대한 감정이 차가운 재처럼 식어 있어서 그냥 그런가보다 했었다.

나는 광고회사에 취직을 했는데 회사에서는 단지 내가 제일 젊다는 이유 하나만으로 온라인 광고 일을 맡겼다. 그때만 해도 온라인 광고라는 게 초창기여서 사람들이 온라인에서 마케팅을 한다고 말하면 차라리 하늘에 애드벌룬을 띄우라고 비아냥거리 던 시절이었다. 개봉 영화도 신문과 거리 포스터 광고가 마케팅 의 전부였고 대기업들은 텔레비전과 신문 말고는 매체로 치지도 않았다. 그러니 거의 맨땅에 헤딩하는 기분으로 시작해야 했지 만 포털업체들이 융성하면서 온라인 광고시장은 급속하게 성장 하기 시작했다.

나는 거기서도 한 남자 선배를 좋아했는데(나는 왜 늘 가까운 데 있는 남자들에게 걸려드는 걸까? 병일까?) 보기 좋게 배신을 당했다(는 것은 내 생각일 뿐, 그는 그냥 날 좀 만나주다가 이내 다른 여자와 사내커플이 되었다). 그래서 홧김에 회사를 뛰쳐나 와(이것도 병이다. 짝사랑에 실패하면 현장에서 도주한다) 회사 선배가 창업한 작은 광고회사에 팀장으로 스카우트되었다. 그럴 때면 내가 정말 백석의 시나 장용학의 소설을 읽던 국문학도가 맞나 가물가물해졌다. 끝없는 회의, 회의 그리고 프레젠테이션. 그리고 또 회의, 회의, 회의, 밤샘, 회의, 또 프레젠테이션. 읽는 것도 무슨 트렌드 관련 책 아니면 경제경영서, 미래학 서적뿐이고 보는 것도 최신 영화뿐이었다.

이제는 말하기도 쪽팔리지만 새로 들어간 그 회사에서도 나는 나보다 경력도 적고 직급도 낮은 연하의 남자 하나를 사랑했다가 혼자 쓸쓸히 마음을 접은 일이 있었다. 나는 이른바 짝사랑 전문가였고 그쪽 분야에만 오래 전념해오다보니 다른 분야는 아예 자신도, 관심도 없게 되었다. 짝사랑만의 도저한 쾌감이랄까, 뭐 그런 것에 중독되다보니 아예 처음부터 끝까지 짝사랑만 가능한 대상을 물색하여 거기에 전념하게 되었다. 아이돌 댄스그룹 멤버에게 몰두하거나 내 평생 영원히 만나게 될 것 같지 않은 대만 텔레비전 드라마의 남자 배우를 남몰래 흠모했다. 그러다가 문득 달력을 보니 어느새 나는 서른이 되어 있었다. 거울 속의 저 아줌마는 과연 누굴까? 루이뷔통 스피디백을 들고 어디든지 출동할 자세가 되어 있는 머리 질끈 동여맨 전투적인 여성이 정말 나란 말인가?

현주가 뇌종양으로 수술을 받다가 죽은 것은 바로 그 무렵이었다. 전화를 걸어 소식을 전해준 사람은 그때까지도 대학원에 남아 있던 희정이 언니였다. 처음에는 그것마저도 현주 특유의 뻥으로 치부하려 했지만 이내 자기가 죽었다는 얘기까지 거짓말을 할 수는 없다는 걸 깨닫게 되었다. 듣자하니 장례식장은 현주답지 않은 너무도 초라하고 작은 병원의 영안실이었고(두바이에서 석유 판다는 아버지는 어디 가고?) 발인은 그 다음날이라고 했다. 나는 가지 않았다. 그때는 그냥 몸이 안 좋아서라고 스스로 변명했지만 지금은 그 이유를 안다. 현주의 소설을 읽지 않은 것과 똑같은 이유에서였다. 나는 현주가 정말 죽었을까봐 가지 않았던 것이다. 현주는 거짓말쟁이이고 불여우이고 내숭쟁이인데, 그건 정말 확실한데, 그런 계집애가 관 속에 누워서 나를 비웃고 있을 생각을 하니 도저히 갈 수가 없었던 것이다. 그리고 거기서 분명 마코토가 슬픈 얼굴을 하고 현주의 영정 앞을 지키고 있을 게 아닌가? 나는 기절하는 현주를 부축할 때와 비슷한 열패감에 사로잡혔다. 왜 현주는 나보다 뭐든지 폼나는 거야? 죽어도 왜 뇌종양 같은 깔끔하고 근사한 병으로 죽는 거야? 에이즈나 장티푸스 같은 것도 있잖아? 언제나 그렇게 사람들의 주목을 받아야 되겠어?

현주는 죽기 직전에야 등단을 했고 세 편의 단편소설을 남겼다. 등단을 시킨 출판사에서 습작으로 쓴 소설까지 더해 유고 작품집을 내주었지만, 물론 나는 읽지 않았다. 저자 사진이 너무 예쁘고 신비롭게 나왔을까봐서였다. 영원히 젊은 현주가 내 책장 안에서 요절한 천재 작가 행세를 하며 늙어가는 나를 지켜본다 생각하니 끔찍했다. 뭐, 잘 썼겠지, 그러니까 등단도 했겠지, 라고 말할 수 있게 됐다고 스스로를 대견해하는 정도가 나라는 못난이의 인간적 성숙도였다.

또 몇 년의 세월이 흘렀다. 중국 대륙에서 날아온 황사로 온 대기가 뿌연 봄날에 나는 지금 긴자(銀座)의 커피숍에서 마코토를 기다리고 있다.

저기 카페의 유리문을 열고 마코토가 들어오는 것이 보인다. 벌써 카페가 환해지는 것 같다. 그가 두리번거리며 나를 찾는다. 그의 눈길이 나를 훑고 지나갔다. 그는 나를 발견하지 못하고 다시 한번 카페를 둘러본다. 나는 손을 들거나 알은체를 하지 않고 눈을 내리깔고는 그가 나를 알아봐주기를 기다린다. 마침내 그의 시선이 다시 내 몸에 와 닿는 것이 느껴진다. 그제야 그가 내 쪽으로 다가온다. 나는 깜짝 놀란 척하며 고개를 든다.
"어, 안녕하세요."
내가 인사를 하자 마코토가 활짝 웃으며 같이 인사를 한다.
"안녕하세요. 오랜만입니다. 이게 얼마 만인가요? 세월이 참 살과 같이 흘러가는군요."
"이상한 말 쓰는 건 여전하시네요."
"아, 세월이 살과 같이 흐른다? 이거 이상해요?"
"아뇨. 그냥, 노인네 같아서요. 젊은 사람들은 잘 안 쓰는 말이니까요."
"아, 저는 몰랐습니다. 지영씨는 보자마자 잔소리군요."

나는 마코토의 얼굴을 찬찬히 뜯어본다. 그도 시간의 공격을 피해가지 못했다. 흰머리가 나기 시작했고 눈가에는 잔주름이 자글자글했다. 밝고 명랑하던 서울에서의 모습은 많이 사라지고 이제는 어딘가 조금 지치고 피로한 중년의 사내가 되어가고 있었다.

"잘 지내셨어요? 도쿄에는 어쩐 일이세요?"

마코토가 커피를 주문하며 물었다. 나는 핸드백에서 명함을 꺼내 마코토에게 건네주었다.

"회사에서 출장을 보내서 여기저기 어슬렁거리다가 희정이 언니를 딱 만났지 뭐예요. 시부야(澁谷) 한복판에서요."

"그렇게 사람이 많은 데서요?"

"언니가 그러는 거예요. 너 서울에서는 코빼기도 안 보이더니 어떻게 시부야에서 딱 마주치냐? 후훗."

"그러게요. 까마귀 날자 배 떨어졌네요."

"음, 그건…… 좀 아닌 것 같은데요."

"아, 그런가요? 하하."

마코토가 쑥스러운 얼굴로 머리를 긁적였다.

"학회에서 언니 보셨죠?"

"네, 어제요. 학회 있을 때마다 가끔 만나지요. 저하고 연구 분야가 비슷하니까요. 보면은 늘 씩씩해요."

마코토는 학위를 마치고 일본으로 돌아가 도쿄의 한 대학에 자리를 잡았다. 그러나 문학 선생이 아니라 한국말 선생으로였다(때마침 불어온 한류로 일본에는 한국말에 대한 수요가 많았다). 그래도 한국에서든 일본에서든 한국 근대문학에 관한 학회가 열리면 참석해서 학자로서 의견도 발표하고 친분도 쌓고 그러는 모양이었다. 이번 학회는 도쿄에서 열렸고, 주제는 식민지 시대 조선의 카프(KAPF)와 일본의 나프(NAPF)가 어떤 영향을 주고받았는지에 대한 것이라고 했다.

진한 드립커피가 나오고 우리는 맞선을 보는 남녀들처럼 서먹하게 커피를 마셨다. 옛날에 같이 알던 사람들을 화제로 한 이야기는 곧 밑천이 떨어졌다. 아, 그래요? 잘됐네요. 어머, 정말? 전 몰랐어요. 참, 누구누구 기억나요? 그래요, 그 오빠. 결혼했죠. 박사 땄대요. 등등등의 재미없는 화제들.

도쿄의 한복판에는 황궁이 있다. 지도를 보면 가운데가 텅 빈 것처럼 보인다. 뉴욕의 센트럴파크도 비슷하게 보이지만 거기에는 개를 데리고 조깅을 하는 사람, 자전거를 타는 사람, 가로질러 통과하는 택시가 있다. 황궁에는 황족만 산다. 평범한 도쿄 시민들은 별 불만 없이 황궁을 우회한다. 거기 황궁이 있다는 것을 모두가 알고 있지만, 그래서 이렇게 돌아가야 한다는 것도 알고 있지만, 거기에선 아무도 조깅 같은 것을 할 수 없다는 것을 알고 있지만, 그래도 아무 말 하지 않는다. 롤랑 바르트의 말마따나 그것은 그냥 거기에 있다. 비어 있는 중심으로 말이다.

마코토와 나 사이에도 그런 황궁이 있다. 우리는 필사적으로 어떤 게임을 하고 있다. 그 게임의 이름은 이렇다. 현주에 대해서 절대로 말하지 않으면서 다른 모든 것을 말하기. 현주에 대해서는 절대로 생각하면 안 돼! 우리는 그런 암묵적인 약속 아래 만났고 그 룰을 지키고 있다. 그러나 현주를 떠올려서는 안 되고, 발설은 더더욱 금기라는 것을 의식하면 의식할수록 현주에 대한 생각을 떨쳐버릴 수가 없었다. 우리의 대화는 점점 더 공소해지고 결국 화제는 모두 떨어지고 말았다. 만나자고 전화한 사람은 나니까 궁지에 몰린 것도 나일 수밖에 없었다. 죽은 현주가 만들어놓은 이 팔진도(八陣圖)에서 어서 탈출해야 해!

나는 절박한 심정으로 불쑥 입을 열었다. 그런데 나온 게 하필이면 이런 말이었다.

"옛날에 내가 마코토 씨 좋아했던 거, 그거 알아요?"

말해놓고 보니 재난이었다. 평생 단 한 번도 한 적이 없는 짓을 왜 긴자 한복판에서 저질렀단 말인가? 그는 내가 갑자기 자기 얼굴에 물이라도 뿌린 것 같은 표정으로 나를 바라보았다. 그러다가 내 얼굴에서 뭘 봤는지 모르겠지만 갑자기 부드러운 표정을 지었다. 그러고는 갑자기 두 손을 자기 무릎에 얹고 고개를 숙여 절을 했다.

"어쨌든 미안하게 됐습니다. 저는 전혀 몰랐습니다. 용서해주세요."

아니, 이 사람아, 내가 지금 사과받자고 이러는 게 아니잖아? 마코토는 정말 내 용서를 받고야 말겠다는 듯, 숙인 고개를 들지 않았다. 나는 뭐라도 말해야 하는 상황이 되었다.

"아니, 왜 이러세요? 그냥 농담이에요. 하하. 마코토 씨 놀리려고, 놀리려고 그런 거예요. 고개 드세요, 제발."

마코토는 고개를 들더니 멋쩍은 얼굴로 커피를 한 모금 마셨다. 나는 변명처럼 덧붙였다.

"그땐 어렸잖아요."

그런 내 눈을 똑바로 응시하며 그가 정색을 하고 물었다.

"그럼, 지금은 절 좋아하지 않습니까?"

진담인지 농담인지 알 수 없는 애매한 표정이었다. 남자하고 이런 감정놀음을 거의 해본 적 없는 나로서는 도대체 어떻게 대처해야 좋을지 알 수 없었다. 쿵쿵쿵, 가슴이 거세게 콩닥거리고 얼굴로 피가 몰려 심히 화끈거렸다. 나이 서른둘에 이 무슨 촌스런 작태란 말인가. 나는 화장실에 가야겠다고 말하고 황망히 자리에서 일어났다. 일본의 카페들은 하나같이 테이블도 작고 의자도 작고 통로도 좁다. 화장실에 가자면 마코토가 앉아 있는 의자와 벽 사이를 겨우 통과해 가야만 했다. 허벅지 살찐 거 다 탄로나겠군. 그 와중에도 그게 걱정이 됐다. 요란스럽게 자리에서 일어나 숨을 들이마시고 마코토 옆을 지나가는 순간, 뒤에서 내 옷깃을 잡는 억센 그의 손길을 느꼈다.

아, 이러지 마, 마코토, 제발.

나는 뒤돌아보지 않고 계속 앞으로 나가려고 했지만 마코토의 힘은 완강했다. 나는 심호흡을 하고 뒤로 돌아섰다. 의자에 앉은 마코토가 나를 올려다보고 있었다. 나는 나를 앙망하는 그의 촉촉한 입술을 향해 최후의 순간으로 돌입하는 가미카제 특공대처럼 내 불타는 입술을 그대로 내리꽂았다. 그의 혀가 주춤거리며 내 혀를 맞으러 나왔다. 혼미한 정신 속에서도 나는 등뒤에서 내 벨벳 재킷이 뭔가에 걸려 부욱 찢어지는 소리를 들었다. 그제야 나를 붙잡은 것이 마코토가 아니라 벽에 붙어 있던 그 무언가(가방걸이나 옷걸이? 과연 그것은 무엇이었을까?)일지도 모른다는 의심이 들었다. 그러나 막 예열을 마치고 끓어오르기 시작한 입맞춤을 멈추지는 않았다. 어쩌면 이게 내 평생 마지막 키스일지도 모르잖아? 나는 약해지려는 마음을 다잡으며 뜨겁고 축축한 필생의 키스를 그에게 퍼부었다. 마코토가 두 팔을 뻗어올려 허공에서 휘청대는 내 허리를 감아안았다. 도둑키스와 어설픈 포옹은 생각보다 오래도록 지속되었고 나는 거기가 어디인지, 내가 누구와 키스를 하고 있는지조차 까맣게 잊어버렸다. 아득해지는 감각 속에서 내 영혼이 마치 잘 맞은 야구공처럼 펜스 너머 저 광대한 우주로, 하나의 작은 점이 되어 사라져가는 것이 보였다.

그리고 암전.

아이스크림

그러니까 그것은 국제통화기금이 일종의 집달리가 되어 한국을 접수하고 있던 시절이었다. 국가대표 축구팀도 시원찮고 경제는 빌빌대던, 그야말로 조국은 빈사상태였다. 고밖에는 말할 수 없던 시절. 동규와 그의 아내는 슈퍼마켓에서 아이스크림을 사고 있었다. 그 무렵 그들은 아이스크림을 무척 좋아했다. 특히, 구약성경책 크기 상자에 스물네 개의 소포장 아이스크림이 들어 있는 유명 제과회사의, 그러나 그닥 잘 팔리지는 않는 제품을 사랑하였다. 상자를 냉장고에 넣어두었다가 생각날 때마다 따로따로 포장된 작은 아이스크림을 하나씩 꺼내 먹는 재미가 제법 괜찮았다. 지우개 크기의 그 소포장 아이스크림은 한입에 쏙 털어넣기엔 조금 컸고 그렇다고 베어먹기엔 작았다. 조심스럽게 비닐포장을 반쯤 찢어 한입 베어물고 초콜릿 코팅의 향이 입안 가득 퍼질 무렵이면 나머지 반을 털어넣고 작은 비닐포장은 쓰레기통에 버리면 그만이었다. 가족들이 모두 숟가락을 들고 모여앉아 머리를 부딪히며 퍼먹어야 하는 볼썽사나움과는 거리가 먼, 선진국에서나 경험할 수 있는 귀여운 낭비였다. 그 무렵 제과회사들은 앞을 다투어 포장방식을 바꾸며 제품을 고급화하고 값을 올려받기 시작했다. 자동화된 기계로 구운 쿠키 하나를 봉지에 넣어 다시 상자에 차곡차곡 포장해 인상된 가격으로 파는 것이 유행이었다. 나라 경제가 결딴이 나서일까. 사소한 사치도 큰 감동을 주었다. 동규와 그의 아내는 비록 국제통화기금 치하에 살고 있다 해도 삼천원짜리 아이스크림 한 통이 주는 기쁨을 금가락지 헌납하듯 나라에 갖다바치고픈 생각이 전혀 없었다. 그들은 슈퍼마켓에서 문제의 그 아이스크림을 카트에 던져넣고 서둘러 계산대를 빠져나와 집으로 향했다. 가지고 오는 길에 조금 녹았을 수도 있으므로 냉동실에 조금 넣어두었다가 느긋한 마음으로 하나씩 포장을 까서 베어물고 있노라면 금세 행복한 기분에 사로잡혔다. 초콜릿이 주는 작은 흥분과 차가운 유지방의 부드러움으로 그들은 천천히 녹아내렸다.

동규가 사는 곳은 80년대 중반에 지어진 스물한 평짜리 아파트였다. 엘리베이터에서 내려 복도를 걸어 집 앞까지 오는 동안 다른 집에서 내놓은 세발자전거 따위가 발치에 채었다. 문을 열고 들어오면 두 명이 서 있기도 비좁은 현관이 있었다. 거기에 신발을 벗어놓고 안으로 들어가면 거실은 작은 창 때문에 어둠침침했다. 거실의 오른쪽에는 두 칸짜리 싱크대가 있었고 타일의 틈새에는 그을음과 기름때가 침착되어 있었다. 가끔 혜선(동규의 아내다)이 특수세제를 이용해 닦아보려 했지만 너무 오래된 것이어서인지 잘 씻겨지지 않았다. 그나마 타일 몇 쪽은 깨어져 있었다.

"아파트가 기울고 있어서 그래요."

옆집 여자는 주장했다. 화장실 문이 잘 닫히지 않는 이유도 아파트가 한쪽으로 기우뚱 기울고 있어서라고 했다.

그들은 그 타일과 싱크대를 늘 부끄러워했다. 네 가구의 세입자가 물려가며 쓰던 싱크대였고 주인은 쓸 만하다며 여간해서 바꾸어주려 하지 않았다. 그렇다고 세입자인 그들이 생돈을 들여 남의 집 재산을 불려줄 일도 아니어서 그들은 습기에 불어 접착력이 떨어지며 무늬목이 들뜨기 시작한 낡은 MDF싱크대를 그저 참고 견디고 있었다. 싱크대의 끝에는 거실 쪽으로 돌출된 일 미터 정도의 무늬목 상판이 둥근 다리 하나로 지탱하며 식탁 역할을 했다. 그들은 두 개의 의자를 그 옆에 갖다놓고 거기에서 밥을 먹었다. 혹시 친구라도 찾아오면 동규의 회전의자를 갖다놓을 수밖에 없었다. 몇 걸음 더 들어오면 왼쪽으로 동규가 쓰는 방이 있었고 더 들어가면 역시 왼쪽으로 안방이 있었다. 그들의 텔레비전은 안방에 놓여 있었다. 그들은 침대에 누운 자세로 왼발과 오른발 사이로 보이는 이십 인치 텔레비전을 시청하였다. 안방 바로 오른쪽은 베란다였다. 미닫이 반투명 유리문으로 거실과 분리되어 있는 베란다는 폭이 좁아서 빨래 널기도 힘들 정도였다. 둘은 세탁기에서 빨래를 꺼내 건조대에 갖다 널면 다음

빨래를 돌릴 때까지 잘 걷지 않는 습관이 있었다. 그러다보니 널린 빨래가 햇빛을 가려 커튼 노릇을 했다. 베란다의 한쪽에는 동규의 부모님이 굳이 떼어 물려주신 구형 에어컨의 실외기가 바다표범처럼 웅크리고 있었다. 그들은 용달차 운임 십만원, 설치비 십만원을 내고 에어컨을 설치했다. 에어컨은 벽걸이형이었는데 한번 켤 때면 아랫집에서 항의할 정도의 강력한 소음을 내곤 했다. 마치 잠에서 깬 괴물이 잠투정으로 으르렁대는 것 같았다. 자동온도조절 기능에 의해 꺼졌다 켜졌다를 반복했는데 특히 꺼져 있다가 다시 켜질 때 굉장한 소리를 냈다. 쇠를 긁는 소리와 함께 망치로 철판을 두들기는 소리가 뒤섞여 요란했다. 여름밤에는 열대야 때문이 아니라 에어컨 소리 때문에 자주 잠에서 깼다. 도대체 에어컨 안에선 무슨 일이 벌어지고 있는 걸까. 프레온가스가 순환하며 열을 떨어뜨린다던데, 왜 철판이 저토록 덜덜거릴까. 그들은 가끔 궁금해했지만 바람도 잘 통하지 않는 아파트에서 그나마라도 없었다면 불쾌지수는 더 높아졌을 것이다.

어느 여름날, 둘은 나란히 아파트 단지 내 상가에 장을 보러 갔다. 농협이 직영하는 슈퍼마켓에 들어가 야채와 우유, 달걀을 산 후에 마지막으로 계산대 근처에서 문제의 그 아이스크림—진짜 이름은 따로 있지만 소송을 당할 우려도 있으니 이름은 그냥 '미츠'쯤으로 해두자—을 샀다. 아이스크림까지 샀으니 쇼핑은 다 된 셈이었다. 이들은 가벼운 발걸음으로 돈을 치르고 슈퍼마켓을 나와 집으로 향했다. 여름이라 햇볕이 굉장했다. 자외선을 차단하는 검은색 반투명 챙이 달린 모자를 쓴 여자들이 그들을 스쳐 지나갔다. 자외선을 가리는 데에만 신경을 쓰고 남의 시선에는 무신경한 그 중년 여성들은 챙을 너무 내려쓴 나머지 마치 누군가가 그들의 얼굴을 검은 먹으로 지워놓은 것 같았다.

어린아이들은 마침 유행하기 시작한 인라인스케이트를 신고 그들을 스쳐 지나갔다. 땀냄새가 훅 끼쳤다. 아이들은 더위와 햇볕을 전혀 상관하지 않는 것 같았다. 동규와 혜선은 그들을 질투하는 시선으로 쳐다보며 마침내 자신들이 사는 동에 도착하였다. 엘리베이터를 타고 집으로 올라가 사온 식료품을 냉장고에 차곡차곡 집어넣었다. 가장 먼저 집어든 것은 더위에 녹아버릴 가능성이 있는 미츠였다. 냉동실을 열자 차가운 냉기가 흘러나왔다. 꽝꽝 얼어붙은 굴비의 눈이 동규를 노려보았고 정체를 알 수 없는 내용물을 담은 비닐봉지가 자리를 차지하고 있었다. 동규는 그것들을 재배치한 후, 적당한 공간을 만들어 행여라도 비린내가 배지 않도록 조심하며 미츠 박스를 밀어넣었다.

그들은 에어컨을 가동시켰다. 이이이잉— 드르르릉— 덜컹덜컹. 거세게 울부짖으며 남극 상공에 오존 구멍을 낸다는 프레온가스, 환경단체들이 반대하는 그 구식 냉각제가 파이프로 뿜어져나와 순환하기 시작하는 소리가 들렸다. 동규는 나가면서 열어놓은 베란다의 창문을 닫았다. 채 베란다 밖으로 빠져나가지 못한 실외기의 더운 공기가 발목을 핥고 지나가는 것을 동규는 느꼈다. 불쾌한 감각이었다. 그러나 실내에 차가운 공기를 공급

하기 위하여 제 자신은 뜨거운 열을 내뿜어야 한다는 것이 어쩐지 공평하다는 인상을 주었고 마치 세상의 중대한 섭리를 깨달은 것 같은 쾌감도 주었다.

보아온 장을 모두 적재적소에 집어넣은 후, 이들은 침대에 누워 텔레비전을 켰다. 그 무렵 텔레비전에선 연일 외국자본에 넘어가는 토종기업들의 이야기를 방송하고 있었다. 뉴스와 기획 프로그램들은 시청자들을 계몽하느라 정신이 없었다. '비록 당장은 아깝더라도 경제의 회생을 위해서는 외국자본을 받아들여야 한다. 공적자금을 투입해서라도 부실기업을 조금이라도 정상화하고 이것을 외국자본에 매각해 돈이 돌도록 만들어야 한다. 그게 우리나라의 살 길이다'라고 역설하고 있었다. '자본에는 국적이 없다. 우리나라에 들어오면 우리 돈이다'라는 주장도 있었다. 동규는 아주 옳은 말이라고 생각했다. 흰 고양이든 검은 고양이든 쥐만 잡으면 되는 거 아닌가? 물론 한 사람의 납세자로서 억울한 점도 있었지만 그렇다고 부실기업이 마냥 돈을 까먹는 물귀신이 되도록 방치하는 것은, 그의 생각에는 결코 바람직하지 않았다. 그는 간혹 공적자금 투입에 분개하는 아내 혜선과 논쟁을 벌일 때도 있었다. 혜선은 그런 기업들은 아예 파산절차를 거쳐 청산해야 한다는 입장이었다.

"그럼 거기 다니는 직원들은 어떻게 하고?"

"그럼 모든 해고자를 국가가 먹여살려야 돼?"

"그건 아니지만 부실기업에 다닌다는 죄로 하루아침에 길거리로 내쫓는다는 건 너무하지 않아?"

"그런 온정주의 때문에 IMF가 온 거라구."

혜선은 입을 비쭉거렸다. 꼭 틀린 말이라고 볼 수는 없었다. 혜선은 국제통화기금 사태와는 무관하게 바로 그 직전, 보모로 일하던 어린이집을 홧김에 그만둔 바 있었다. 원장과의 알력이 문제였는데 막상 그만두고 나니 후회가 되는 모양이었다. 아동학과를 졸업하고 나름 그 분야에 야심도 있었는데 어쩌다보니 실업자가 되었고 그사이 경제위기가 닥쳤다. 있는 사람도 내쫓는 판에 새로운 사람을 뽑을 데는 없었다. 그리고 혜선처럼 직장을 그만둔 엄마들이 많아 어린이집에 오는 아이들의 수도 줄어든 판이었다. 이런 사정을 알고 있는 동규는 그쯤에서 그만 입을 다물었다. 해고니 실업이니 하는 문제만 나오면 심사가 뒤틀리는 혜선이었지만 막상 다른 면에서는 이해심이 깊었다. 뉴스를 볼 때에는 냉정했지만 휴먼다큐멘터리 같은 데에서 갑자기 실직한 노동자들을 보여주거나 할 때면 눈물을 뚝뚝 흘리며 남몰래 방송사로 기부금을 보내는 일도 있었다. 반면 동규는 공적자금 투입의 정당성에는 공감하면서도 성금을 낸다거나 하는 일은 결코 하지 않았다. 그게 둘의 다른 점이었다.

"미츠 하나 먹을래?"

조금은 썰렁해진 분위기를 바꿔볼 겸, 동규가 제안했고 혜선은 고개를 끄덕였다. 밝은 표정이었다. 벽 쪽에 누워 있던 동규는 몸을 동글게 말았다가 펴는, 배추벌레식 전진법으로 침대에

시 내려왔다. 두 사람이 올라가면 꽉 차는 작은 더블침대에서
바깥쪽에 누워 있는 혜선을 건드리지 않고 침대에서 내려가는
방법은 그것뿐이었다. 그는 냉동실의 문을 열고 미츠 상자를 꺼
냈다. 상자를 개봉하고 두 개의 소포장 아이스크림을 꺼낸 후,
다시 냉동실에 집어넣었다. 작은 접시에 담아 침대로 간 그는
궁둥이를 먼저 침대에 올려놓은 후, 미츠가 담긴 접시를 혜선에
게 건넸다. 그리고 다시 배추벌레식 전진법을 사용하여 애초에
떠나온 자기 자리로 돌아가 베개를 괴고 텔레비전을 보았다. 혜
선이 비닐포장을 찢어 미츠를 한입 베어물었고 동규도 똑같이
했다. 그리고 거의 동시에 둘은 서로를 쳐다보았다. 미간을 찌푸
린 혜선은 동의를 구하는 눈빛으로 동규를 바라보고 있었다. 동
규도 거울놀이를 하듯 혜선과 똑같은 표정을 지어 보였다. 혜선
은 오른손바닥을 펴 반쯤 녹은 아이스크림을 뱉어냈다. 그리고
침대에서 내려 부엌으로 달려가 손을 씻었다. 동규는 그렇게까
지는 하지 않았다.

　"휘발유 냄새 나지 않아?"

　혜선이 물었고 동규는 고개를 갸웃거렸다.

　"글쎄, 뭔가 다른데."

　"우리가 이거 하루 이틀 먹는 거 아니잖아. 뭔가 이상해. 기름
냄새가 난다구."

　혜선은 벌써 입을 행구고 있었다. 동규는 손에 들고 있던 나
머지 반을 입에 넣었다.

"미쳤어?"

혜선이 소리쳤다. 동규는 아랑곳하지 않고 입을 오물거리며 정말로 기름 냄새가 나는 건지 다시 확인했다. 그는 아이스크림을 삼키지는 않고 싱크대에 뱉었다.

"정말 기름 냄새가 나는데."

"아니 어떻게 이럴 수가 있어?"

혜선이 파르르 떨며 마치 생산자의 이름이 적혀 있기라도 한 것처럼 찢어진 소포장 비닐의 표면을 노려보았다. 아무리 봐도 생산자의 이름은 없었다.

"이거 소비자보호원 같은 데 신고해야 하는 거 아냐?"

동규는 냉동실의 문을 열었다. 그리고 미츠 박스를 꺼냈다. 거기에는 소비자상담실의 전화번호가 적혀 있었다. 제품에 이상이 있으면 언제라도 연락을 해달라는 문구와 함께. 동규는 그 글귀를 혜선에게 보여주었다. 그리고 전화기를 집어들었다.

"정말 전화하게?"

혜선이 눈을 동그랗게 떴다. 동규는 단호하게 말했다.

"그럼, 이게 얼마짜린데. 이대로 버리기는 아깝잖아. 그리고 피해가 더 커지기 전에 알려줘야지."

혜선도 목소리에 힘이 붙었다.

"어쩌면 보상을 받을지도 몰라. 내 친구는 사이다에서 엄지손가락만한 벌레를 찾아내서 꽤 받아낸 모양이야."

"그런데 발뺌이라도 하면 어떡하지?"

"설마 그러기야 하겠어."

"아니, 우리를 의심할 수도 있잖아. 전에도 보니까 어떤 남자가 요구르트에 독극물을 넣어서 회사를 협박하다가 잡혔잖아. 그런 일이 어디 한둘이야? 우리가 무슨 이물질을 넣었다고 의심받으면 어쩔 거야?"

"괜한 짓 하는 거 아닐까?"

둘은 서로의 얼굴을 쳐다보았다.

"전화나 해보지 뭐. 만약 그런 식으로 나오면 소비자보호원으로 바로 신고해야지."

동규는 상자에 적힌 전화번호를 외워 꾹꾹 버튼을 눌렀다. 080으로 시작하는 번호는 모두 열 자리였다. 혜선은 아이스크림 상자를 다시 냉장고에 넣고 동규의 표정과 입을 주시하였다.

"여보세요?"

전화를 받은 사람은 젊은 여자였다.

"네, 고객님. 무엇을 도와드릴까요?"

"저, 그 회사 제품 중에 미츠라는 아이스크림 있죠? 저희는 그걸 일주일에 두 번은 사 먹거든요. 그런데 오늘 먹어보니까 기름 냄새가 나는 것 같아서요. 여기다 얘기하는 거 맞아요?"

"네, 고객님. 맞습니다. 저희 제품 때문에 심려를 끼쳐드려 죄송합니다. 곧 저희 담당자가 댁을 방문해서 제품을 살펴보고 자세한 말씀을 드리겠습니다. 번거로우시겠지만 주소와 전화번호를 알려주시면 감사하겠습니다."

"뭐래?"

혜선이 작은 목소리로 물었다. 동규는 조용히 손사래를 쳤다. 그리고 주소와 전화번호를 찬찬히 불러주었다.

"네, 잠시 후에 찾아뵙겠습니다. 정말 죄송합니다."

응대는 차분하고 충분히 정중했다. 동규는 일이 그렇게 순조롭게 풀려가자 어쩐지 좀 미안한 느낌이 들었다.

"곧 찾아뵙겠다고, 대단히 죄송하다고 그러는데. 되게 친절하네."

혜선은 깜짝 놀라 갑자기 눈을 이리저리 굴렸다.

"집으로 온다는 거야? 집도 안 치웠는데."

혜선은 냉장고 옆에 놓인 진공청소기를 벌써 집어들고 있었다. 동규는 그런 혜선을 제지하였다.

"그게 문제가 아니라."

동규는 불안할 때면 손톱을 물어뜯는 버릇이 있었다. 회사 입사 면접 때 혹시라도 그 버릇이 나올까봐 두 손이 으스러져라 깍지를 끼고 버틴 게 바로 그였다. 그런데 어느새 손톱을 물어뜯고 있었다.

"왜?"

혜선이 물었다.

"회사에서 우리 집까지 왔는데 말야. 우리가 먹은 두 개만 이상하고 나머지는 멀쩡하면 어떡하지? 그럴 수도 있잖아. 왜 헛걸음시켰냐며 화내지 않을까? 왜 법에도 무고죄라는 게 있잖아."

혜선의 표정도 어두워졌다. 미츠는 스물 네 개가 각기 독립된

포장으로 된 아이스크림이었다. 컨베이어벨트를 따라 자동으로 재료가 배합되어 사각형의 틀에 부어지고 얼리고 굳힌 다음 포장을 하여 마지막에 종이박스에 집어넣을 것이었다. 동규의 집에 배달된 스물네 개 모두에서 기름 냄새가 날 가능성은 희박했다. 그렇다고 둘이 이미 먹은 두 개에서만 기름 냄새가 날 가능성도 적었다. 그들은 자동화된 아이스크림 제조 공정을 상상하고 있었다. 붕어빵 기계 같은 사각형 틀에 유지방이 부어지고 거기에 실수로 잘못된 원료가 투입된다. 그중 몇 개가 비닐로 포장되어 어떤 박스에 들어간다. 그 몇 개가 들어감으로써 한 박스가 가득 찬다. 하필 그것은 동규네가 사온 바로 그 상자이다. 상자의 입구에 그 두 개가 있었던 것도 우연은 아니다. 그들은 가장 늦게 들어왔기 때문에 거기 있었던 것이다. 그렇게 상상하고 나자 그들의 불안은 증폭되었다.

먼저 제안한 것은 혜선이었다.

"하나만 더 먹어보자. 아닐 수도 있잖아."

동규도 동의했다. 그는 냉장고에서 한 개를 꺼내 조심스럽게 포장을 뜯었다. 조금 전 입안을 가득 채운 그 역한 휘발유 냄새가 채 가시지도 않은 참이었다. 그렇지만 곧 들이닥칠 그 제과 회사 사람들을 생각하니 가만히 있을 수가 없었다. 혜선은 초조하게 동규가 어서 그 아이스크림을 삼키기를 기다리고 있었다. 동규는 삼분의 일쯤 베어물었다.

"어때? 기름 냄새 나지? 나지? 안 나?"

혜선이 물었다. 동규는 고개를 갸웃거렸다. 아까와 같은 확신은 도저히 생기질 않았다. 기름 냄새가 나는 것 같기도 했지만 그게 처음에 먹었던 아이스크림 때문에 생긴 일종의 잔향인지 아닌지 분명치 않았다.

"잘 모르겠어. 나는 것 같기도 하고 아닌 것 같기도 하고."

혜선이 눈을 흘겼다. 명백히 책망하는 눈빛이었다.

"뭐야? 그런 게 어딨어? 나면 나고 안 나면 안 나는 거지 이리 줘봐."

동규는 혜선을 제지했다.

"양치질하고 와서 다시 먹어봐. 아까 그 맛이 남아 있어서 정확하게 판단이 안 돼."

혜선이 양치질을 하는 사이 동규는 다시 삼분의 일을 베어물었다. 이번에도 분명한 확신은 들지 않았다. 어찌보면 휘발유 냄새 같은 게 코끝을 감아들기도 하지만 또 한편으론 평소 미츠 맛과 별 다르지 않은 것처럼 느껴졌다. 혜선이 양치질을 마치고 돌아오자 동규는 손에 든 나머지를 건네주었다. 혜선은 와인 테스터처럼 진지한 자세로 허리를 곧추세운 후, 미츠를 받아 입에 넣었다. 그리고 눈을 감은 채, 한참을 묵묵히 앉아 있었다. 이번에는 동규가 몸이 달았다.

"어때? 냄새 나지 않아?"

혜선은 잠시 후 눈을 뜨고는 심오한 진리라도 깨달은 것처럼 선언했다.

"나. 냄새나. 분명 뭔가 있어. 휘발유나 벤젠이나 뭐 그런 걸 거야."

"정말이야?"

"응, 나는 것 같아."

"정말? 확신할 수 있어?"

혜선의 눈빛이 흔들렸다.

"아니, 느낌이 그렇다는 거지. 맛이라는 게 과학적으로 증명할 수 있는 것도 아니잖아."

"그래서 확실하다는 거야, 아니야?"

"확실했었는데 당신이 자꾸 그러니까 잘 모르겠잖아."

"안 되겠어. 하나만 더 먹어보자."

동규가 말했다. 침묵이 흘렀다. 둘은 망설였다. 슬슬 뱃속도 메슥거리기 시작했다. 어쩌면 먹어서는 안 될 어떤 화학약품이 이미 그들의 뱃속으로 들어가버렸을지도 모른다는 불안감이 동시에 그들을 찾아왔다.

"일단 기다려보자. 그쪽에서 뭔가 장비를 가져와서 조사해보면 금방 나올 거야."

"그러다 아니면 어떡해?"

"먹고 탈나면 우리만 손해라구."

"도대체 이렇게 큰 기업에서 왜 이따위 제품을 만드는 거야?"

혜선이 벌컥 화를 냈다. 실내가 충분히 시원해지자 에어컨이 갑자기 작동을 멈추었다. 매미 소리가 갑자기 요란하게 들려왔다.

"좋아. 하나만 더 먹어보자."

동규도 양치질을 했다. 치카치카치카치카. 치약이 들어가자 울컥 구역질이 나왔다. 좀 전에 먹은 아이스크림 때문인지 아니면 과음으로 비장이 약해진 탓인지 알 수 없었다. 동규는 양치질을 마치고 물로 입을 충분히 헹군 뒤 다시 좁은 이인용 간이식탁으로 돌아와 자리에 앉았다. 혜선이 벌써 동규가 먹을 미츠를 준비해두었다. 그녀는 동규가 먹기 편하도록 포장을 찢어 그의 손에 쥐어주었다. 동규는 뜬금없이 독배를 마시는 소크라테스를 생각했다. 그리고 억지로 뭔가를 먹어야만 했던 역사 속의 인물들을 생각했다. 미사 때마다 별맛도 없는 포도주를 들이켜야 하는 전 세계의 가톨릭 사제들을 또한 생각했다. 그리고 미츠를 사분의 일쯤 베어물었다. 혜선이 눈을 가늘게 뜨고 그를 지켜보고 있었다.

"어때?"

"난다 나. 확실해. 정상이 아니야. 이럴 수는 없어. 고소하고 달콤한 맛이 나야 하는데 뭔가 쌉쌀하고 역시 그 기름 냄새가 나."

동규는 분명한 기름 냄새에 자기도 모르게 신이 나 다시 한 입을 베어물었다. 혜선의 표정도 덩달아 밝아졌다.

"거봐. 우리가 이걸 얼마나 많이 먹었는데. 우릴 속일 수는 없지."

혜선은 기세등등하여 동규가 남긴 나머지 반을 가져다 먹었다. 오물오물, 오물오물. 맛을 음미하였다.

"됐어. 분명해. 기름 냄새 확 나는데 뭐."

동규와 혜선은 이제 스무 개밖에 남지 않은 미츠 상자를 다시 냉동실에 넣었다. 혜선은 진공청소기를 들고 윙 소리를 내며 청소를 시작했다. 에어컨이 다시 요란한 소리와 함께 작동을 시작했다. 매미들도 방충망에 붙어 요란하게 울어댔다. 동규는 빗자루를 들고 방충망으로 가서 붙어 있는 매미들을 두들겨 내쫓았다. 매미가 날개를 펴고 아래층으로 마치 가미카제 전투기처럼 낙하해갔다. 하늘을 올려다보자 뉴스에도 나왔던 황조롱이가 길게 원을 그리며 아파트 단지 위를 배회하고 있었다. "다시 찾아온 황조롱이"라는 제목 아래 생태계의 복원을 상징하는 존재로 부각된 바로 그 맹금류였다. 아마도 사냥중인 듯싶었다. 동규는 거실로 돌아와 바닥에 뒹구는 잡지와 신문을 치웠다. 그들 부부는 저녁 준비도 잊고 부산히 집을 청소하고 정리하였다. 어쩐지 식욕도 전혀 동하지 않았다.

"어쩌면 뉴스에 우리 이야기가 날지도 몰라."

"그럼. 사람들 먹는 거에 얼마나 민감한데."

"별일 아닐 수도 있어."

"하긴."

둘은 청소를 마치고 침대 발치에 걸터앉아 텔레비전을 봤다. 오 분쯤 지났을까. 초인종이 울렸다.

"당신이 나가봐."

혜선이 동규의 등을 떠밀었다. 동규는 현관으로 나갔다.

"누구세요?"

"……소비자상담실에서 왔습니다."

동규는 문을 열어주었다.

"아이구, 저희가 어디 잠깐 나갔다 오느라 집을 못 치워서 좀 어수선합니다."

앞머리가 벗어진 중년의 남자는 말끔하게 양복을 차려입고 있었다. 한 손에는 큼지막한 검은색 서류가방을 두 개나 들고 있었다. 다른 사람은 없이 혼자였다. 안쪽으로 들어오라는 동규의 말을 무시하고 그는 우선 허리를 굽혀 동규에게 인사를 했다.

"심려를 끼쳐드려서 정말 죄송합니다."

동규는 얼떨결에 그를 따라 맞절을 했다. 중년의 남자는 가방을 내려놓더니 양복 안주머니에서 명함을 꺼내 동규에게 건넸다.

"소비자상담실의 김성룡 부장입니다."

명함 그대로였다.

"아, 예. 안녕하세요."

동규는 다시 고개를 숙여 절을 했다.

"안으로 들어오세요."

혜선은 동규의 등뒤에 숨어 김성룡 부장을 유심히 살펴보았다. 나이는 오십대 초반에서 중반쯤으로 보였고 목소리나 태도 모두 무게가 있었다. 단지, 더운 날씨 탓인지 이마에 땀이 번질거려서 실제 이상으로 느끼해 보였다. 지하철에서 만났다면 이유 없이 치한으로 의심받을 수는 있는 그런 용모였다. 그러나 양복은 깨끗했고 넥타이는 한눈에도 꽤 비싼 제품으로 보였다. 두꺼운 검정테에 알이 크고 도수가 높은 안경을 쓰고 있었는데 조계종 총무원장이나 큰 교회 담임목사가 쓰면 딱 어울릴 정도로 권위가 있어 보이는 제품이었다. 한마디로 중후하였다. 벗어진 이마는 주름 한 줄 없이 팽팽하고 분홍색으로 빛나 어딘가 비현실적으로 보였다. 그에 비하면 볼은 축 늘어져 좀 심술궂게 보였다. 그러나 그는 현관으로 들어서면서부터 과장된 미소로 자기 얼굴에 깃든 권위를 지우려 노력하고 있었다. 평소엔 부하 직원들 앞에서 팽팽한 이마와 권위적인 안경, 축 늘어진 볼을 앞세워 군림하면서 상관이나 동규네 같은 까다로운 소비자들 앞에서는 몸에 익지도 않은 공손함으로 자기를 애써 낮춰야 하는 김부장의 처신이 동규에게는 낯설지 않았다. 그런 관리자들은 그의 회사에도 한 다스는 있었다. 동규는 저런 권위적인 대기업의 간부급 부장마저 간단하게 굴복시킬 수 있는 소비자라는 존재가 새삼 대단하다는 생각에 살짝 통쾌함을 느꼈다. 그저 단돈 삼천원을 지불했을 뿐인데 그런 자신들의 입을 막기 위해 신고한 지 한 시간도 안 돼 이 더운 여름날 영등포의 본사에서 여기까지 헐레벌떡 달려온 것을 보라! 말이 좋아 중소기업이지 조그만 하청업체에서 늘 대기업의 구매 담당들(그래봤자 대리급도 안 되는 것들)에게 굽신거리며 생계를 유지하는 동규 같은 처지에선 김부장 같은 자를 이렇게 전화 한 통화로 불러올 수 있다는 게 한편 놀라우면서 또 한편 고소했다.

김부장은 열린 현관문을 닫은 후 발뒤축을 비벼 구두를 벗고 조심스럽게 거실로 올라섰다. 그리고 갑자기 어두워진 실내에 적응하려는 듯 눈을 가늘게 떴다. 동규는 소파도 없는, 그래서 손님이 와도 어디 앉으라고 권할 데 하나 없는 자신의 집이 문득 부끄러웠다. 김부장 역시 어디에 앉아야 할지 모르는 엉거주춤한 자세로 동규의 눈치를 살피고 있었다. 하는 수 없이 붙박이 이인용 식탁으로 그를 안내했다. 그는 괜찮다며 사양했지만 동규는 기어이 그를 거기에 앉혔다.

"우선 말씀하신 그 제품을 좀 보여주시겠습니까?"

김부장은 정중히 물어왔다. 혜선이 냉동실 문을 열고 문제의 아이스크림을 꺼냈다. 얼어붙은 굴비들에게서 비듬 같은 서리가 부스스 떨어졌다.

"저, 이게요, 기름 냄새가 심하게 나더라구요. 저희가 이거 한두 번 먹는 게 아닌데. 아니, 세상에 이게요."

동규는 눈짓으로 혜선의 말을 끊었다. 아내의 말투가 거슬렸다. 대기업의 부장급이 친히 와주었는데 아내는 마치 동네 슈퍼 주인한테 하듯이 투정을 부리고 있었다.

"제품을 제조하는 과정에서 뭔가 잠깐 착오가 있었던 모양입니다."

동규가 아내를 대신하여 변명하듯 말했다. 김부장은 "네, 제가 한번 보겠습니다"라고만 말하고는 문제의 아이스크림 상자만 유심히 살피고 있었다. 보석감정사처럼 신중한 태도였다. 그들 부부는 결혼 후, 딱 한 번 패물을 내다 판 적이 있었다. 동규가 주식투자로 돈을 다 날리는 바람에 정말 당장의 생활비가 딱

떨어진 적이 있었다. 신혼에 여기저기 구걸하기도 남부끄럽기도
하여 종로4가 지하상가에 나가 패물로 받은 다이아몬드 목걸이
세트를 팔았던 것이다. 그들은 그때 "다이아몬드는 영원하다"라
는 선전문구가 얼마나 심한 거짓말인지 알게 되었다. 보석감정
사는 신중하게 돋보기로 여기저기를 살피더니 그들이 산 가격의
거의 반값도 안 되는 가격을 제시했다. 보관하는 동안에 여기저
기 흠이 생겼고 세팅방식도 촌스러워 다시 해야 하는데 그럴 경
우 다이아몬드가 깎여나가기 때문에 가치가 줄어든다는 것이었
다. 억울했지만 그들은 보석을 잘 몰랐고 감정사가 풍기는 직업
적 권위에 주눅까지 들어 불과 몇 년 만에 '촌스럽다'는 평가를
받게 된 그들의 결혼예물을 헐값에 넘겨주고 말았다. 지금도 어
쩐지 비슷한 기분이었다. 동규와 혜선은 식탁 주변에 서서 초조
하게 국내 굴지의 제과회사 소비자상담실 김부장의 판결을 기다
렸다. 김부장은 유통기한을 먼저 살폈다.

"유통기한은 아직 많이 남아 있어요. 살 때 꼭 확인하거든요."

혜선이 앞질러 말했다. 김부장이 신중하게 고개를 끄덕였다.

"그렇군요."

김부장은 상자를 펼쳤다. 스무 개의 아이스크림이 모습을 드
러냈다. 동규는 김부장의 주변을 살폈다. 성분을 조사할 장비 같
은 것은 없는 것 같았다. 김부장은 그중 하나를 꺼내 이리저리
살펴보더니 갑자기 두 손에 힘을 주어 포장을 쭉 찢었다. 그러더
니 내용물을 통째로 입에 넣었다. 동규와 혜선은 예기치 않은 전

개에 놀랐다. '회사를 위해 저렇게까지 몸을 던져 충성을 하다니!' 동규는 대기업의 기업문화에 주눅이 들면서 동시에 먹고사는 일의 숭고함에 대해 새삼 경건한 마음을 품었다. 그는 남자들이 직장에서 얼마나 고생하는지 알아주기를 바라면서 아내를 바라보았다. '잘 보라구. 남자들이 어떻게 제 식솔들을 벌어먹이는지!' 그녀도 약간 충격을 받은 듯했다. 김부장은 아무런 장비도 없이, 그 어떤 예방의 조치도 없이 속에 뭐가 들어 있는지도 모르는 아이스크림을 자기 입에 집어넣고 있는 것이었다. 동규와 혜선은 애써 놀라움을 감추고 이제 그가 내릴 판결만을 기다렸다. 그는 한입에 넣기엔 조금 큰 그 아이스크림을 입속에서 천천히 조심스럽게 음미하고 있었다. 참다 못한 동규가 물었다.

"이상하죠? 기름 냄새 안 납니까? 분명히 날 텐데요. 어떠세요?"

김부장은 눈을 지그시 감은 채 입을 오물거리며 아이스크림을 다 삼켜버렸다. 에어컨이 다시 꺼졌다. 이번엔 매미 소리가 멀리서 들렸다. 적막이 길게 느껴졌다. 혜선도 김부장에게 얼굴을 들이밀며 물었다.

"어떠세요? 이상하지 않으세요?"

김부장은 아무 표정도 없었다.

"아직 잘 모르겠습니다."

동규와 혜선의 표정이 어두워졌다. 어쩌면 그들의 입맛이 틀렸을 수도 있었다. 김부장은 어쩐지 무엇엔가 실망한 듯한, 침울한 얼굴이었다. 김부장은 또 한 개의 미츠를 집어들었다. 그리고 능숙한 솜씨로 포장을 뜯고 내용물을 다시 입에 집어넣었다. 동규와 혜선은 그가 아이스크림의 맛을 판별하고 다시 입을 열 수 있을 때까지 무덤가의 문관석 무관석처럼 굳은 얼굴로 김부장의 양쪽에 서 있었다. 김부장은 이번에도 표정의 어떤 미세한 변화도 없이 미츠 하나를 천천히 먹어치웠다. 약간 힘 빠진 목소리로, 그러나 희망을 잃지 않은 채 동규가 다시 물었다.

"어떠세요? 아직도 모르시겠어요?"

김부장은 고개를 가웃거렸다.

"글쎄요."

그는 다시 포장을 뜯었고 또하나를 먹었다. 속도가 점점 빨라졌다. 동규는 더이상 묻기를 포기하고 그가 충분한 데이터를 축적할 때까지 잠자코 기다리기로 했다. 김부장은 또하나를 뜯어 입에 넣었다. 그러나 이번에는 혜선이 참지 못하고 끼어들었다.

"안 이상하세요?"

김부장은 눈을 뜨며 말했다.

"네, 약간 이상한 것 같기도 하네요. 그렇지만 확실히 그렇다고는 말씀드리기가 곤란한……"

그러면서 김부장은 또하나를 집어들고 천천히 포장을 뜯었다. 그리고 또다른 미츠를 다시 입에 집어넣었다. 동규는 자기 속까지 미식거리는 느낌이었다. 벌써 네 개째였다. 그러나 김부장은 이런 일을 많이 겪어본 듯 태연했다. 김부장 앞의 식탁에는 비닐포장이 하나둘 쌓여갔다. 정확히 세보지는 않았지만 족히 여섯 개 이상은 먹어치운 것 같았다. 휘발유 냄새 나는 수상쩍은 아이스크림을 하나둘도 아니고 그렇게까지 삼킬 수 있다는 게 실로 놀라웠다. 그쯤 되자 김부장의 안색도 처음 집에 들어설 때에 비해 확실히 어두워져 있었다. 아니, 어두워졌다기보다 결연한 기세가 엿보인다고 해야 맞을 것이다. 미츠를 정말로 좋아하는 동규와 혜선이었지만 한꺼번에 세 개 이상 먹어본 적은 없었다. 이도 시렸고 생각보다 양이 많아서 금방 배가 더부룩해졌기 때문이었다. 다른 음식과 달리 아이스크림은 그렇게 한몫에 많이 집어넣을 수 없었다. 그런데 그들 눈앞의 김부장은 마치 필름을 빨리 돌리기라도 한 것처럼 순식간에 예닐곱 개의 미츠를 먹어치운 것이었다. '이제는 그만!'이라고 동규와 혜선이 입을 모아 외치고 싶은 순간, 김부장은 자리에서 일어났다.

동규는 마지막 희망을 품고 물었다. 얼핏 들으면 짜증을 부리는 것처럼 들릴 수도 있는 말투였다.

"어떻습니까? 아직도 잘 모르시겠습니까?"

김부장은 옷매무새를 가다듬고 허리를 펴더니 동규를 향해 살짝 고개를 숙였다. 혹시 토하는 게 아닌가 싶어 혜선은 조금 뒤로 물러났다.

"심려를 끼쳐드린 점, 다시 한번 사과드립니다."

그는 허리를 숙여 자기 오른쪽에 놓인 검은 서류가방을 열었다. 거기에는 그 회사에서 만드는 초콜릿 중에서 가장 값나가는 제품 두 박스가 들어 있었다. 그는 그것을 꺼내 동규에게 건넸다. 그리고 그밖에도 회사의 로고가 새겨 있는 꽤 쓸 만한 계산기 겸용 탁상시계도 꺼내 식탁 위에 올려놓았다. 왼쪽 가방을 열자 거기에서도 고급 과자 선물세트가 나왔다. 어린이날이나 명절 때 흔히 볼 수 있는 것이었다. 그는 자기가 먹어치운 미츠의 빈 포장지와 아직 뜯지 않은 열두어 개의 미츠를 상자째로 검은 서류가방에 쓸어담았다. 그리고 철컥, 잠금쇠를 잠근 후, 가방을 양손에 집어들었다.

"앞으로도 궁금한 점 있으시면 언제라도 전화주십시오."

어느새 그는 현관으로 나가 구두를 신고 있었다. 그리고 다시 한번 허리를 굽혀 인사를 하고 문을 닫은 후 사라졌다. 그가 떠나버린 뒤, 동규와 혜선은 거실로 돌아와 김부장이 아이스크림을 먹어치우던 식탁 앞에 둘러앉았다. 두 사람은 한동안 멍하니 말이 없었다. 혜선은 김부장이 놓고 간 초콜릿 세트를 들고 살펴보기 시작했다.

"미츠 값의 열 배는 되겠다."

"그러게 말야. 땡 잡았네."

둘은 초콜릿과 과자를 싱크대의 빈 공간에 집어넣고 안방으로 들어갔다. 텔레비전을 켜고 침대에 누웠다. 다시 배추벌레처럼 후진하여 침대에 올라간 동규는 엉덩이에 깔린 리모컨을 집어들고 채널을 돌리기 시작했다. 동시에 나름의 사념에 빠져들었다. 어떻게 된 것일까. 도대체 무슨 일이 일어난 것일까. 문득 여름날 오후의 이 소동이 정말로 있었던 일인지조차 의심스러워지기 시작했다. 진실은 과연 무엇이었을까. 그 아이스크림에서 정말 휘발유 냄새가 났었는지, 이제 영원히 알 수 없게 되어버린 것일까?

"혹시 그 김부장 말야."

동규가 천장을 보며 말을 꺼냈다.

"왜?"

"정말 부장 맞을까?"

"명함도 받았잖아."

동규와 혜선은 침대에 누워 어떤 장면을 상상하기 시작했다. 제과회사의 소비자상담실에 모여 있는 중년의 남자들. 말쑥한 양복을 입고 읽은 신문을 또 읽고 또 읽으며 시간을 죽이는 남자들. 전화벨이 울리고 이런저런 이야기가 오간 후, 소비자상담실 실장이 들어와 말하는 것이다. 이번에는 아이스크림인데요. 음, 박부장님이 좀 가주셔야겠습니다. 따로 말씀 안 드려도, 잘 알고 계시죠? 그러면 명예퇴직자 박부장, 관리직 모집이란 말에 혹해 이력서를 들고 찾아왔던 우리의 박부장은 분연히 자리를 박차고 일어나 묵묵히 두 개의 가방을 받아들고 신고가 들어온 곳으로 향하는 것이다. 그리고 처음부터 끝까지 알쏭달쏭한 표정으로 자신의 임무를 수행하면 되는 것이다. 운이 좋으면 가벼운 스낵으로 끝날 수도 있지만 운이 나쁘면 아이스크림 한 통을 다 해치워야 할 때도 있을 것이다. 만약 동규네처럼 기름 냄새가 나네 안 나네, 두 눈을 부릅뜨고 꼬치꼬치 묻는 사람들만 아니었다면 굳이 그렇게 많이 먹지 않고 슬쩍 수거만 해와도 됐을 것이다. 어쩌면 그들에게 보내진 김부장은 그 세계의 초보였을 지도 몰랐다. 어쨌든.

동규와 혜선은 상상을 멈추고 말없이 텔레비전으로 시선을 돌렸다. 히히호호. 개그맨들이 필사적으로 엎어지고 자빠지며 시청자들을 웃기려 애쓰고 있었다. 그러나 동규와 혜선은 웃지 않았다. 그들은 본래 코미디를 별로 즐기지 않는 편이었다.

"벌써 해가 졌네. 어디 밥이나 먹으러 나갈까?"

마치 아이스크림 한 박스를 혼자 다 먹어치운 것처럼 속이 더부룩했지만 동규는 에어컨을 끄고 밖으로 나갔다. 더운 열기가 확 끼쳐들었다. 그들은 복도를 걸어 엘리베이터 앞에 멈추었다.

"신용대출, 신용 없어도 대출."

동규가 광고 스티커의 문구를 힘없이 읽었다. 그리고 조금 킬킬거렸다. 속은 계속 메슥거렸다. 잠시 후, 엘리베이터가 둘을 일층에 내려놓았다. 둘은 천천히 걸어 단지 내 상가로 향했다. 인라인스케이트를 타는 아이들이 요란한 소리를 내며 추격전을 벌이고 있었다.

"얼레리꼴레리, 얼레리꼴레리."

달아나는 아이가 필사적으로 외쳐댔다. 달아나는 것보다 놀리는 걸 더 중요하게 생각하는 것 같았다.

"아직도 저 말을 쓰네. 얼레리꼴레리, 얼레리꼴레리."

혜선이 애들의 흉내를 내며 말했다.

"그러게 말야. 두껍아 두껍아 헌 집 줄게 새집 다오, 하는 애들도 봤어, 며칠 전에는."

둘은 상가의 입구에 서서 주욱 늘어선 간판들을 살폈다.

"치킨하고 맥주 어때?"

"그러지 뭐."

둘은 치킨집 밖에 내놓은 플라스틱 의자에 앉았다. 더벅머리를 하고 싸구려 양복바지를 입은 사십대의 남자 주인이 다가와 주문을 받았다.

"프라이드치킨 한 마리 하구요, 생맥주? 네, 오백 두 잔 주시구요. 무 좀 많이 주세요."

"닭은 여기서 드시고 가실 거죠?"

"네?"

"드시고 가실 거냐고."

"네."

동규가 다른 곳을 쳐다보며 힘없이 대꾸하자 주인이 다시 한 번 다짐을 두었다.

"한 마리 다 드시고 가시는 거예요?"

"아, 그렇다니까요."

동규가 살짝 짜증을 부렸다. 혜선이 그런 동규에게 눈을 흘겼다. 주인은 말없이 안으로 들어가 주방 쪽을 향해 뭔가 투덜거리는 것 같았다. 그의 아내인 듯싶은 주방의 여자는 동규와 혜선 쪽을 사나운 눈길로 힐끔거렸다. 잠시 후, 더벅머리 주인이 기름이 뚝뚝 듣는 갈색 프라이드치킨과 생맥주 두 잔을 그들의 자리로 갖다주었다.

"미츠 그거, 이제 안 먹어야겠어."

혜선이 갑자기 생각난 듯 말했다.

"그러게 말야. 분명 휘발유 냄새였다니까. 할 수 없지. 다시 투게더 퍼먹어야지."

"엄마아 아아빠도 함께 투게더, 투게더."

동규가 흥얼흥얼 그 옛날의 투게더 시엠송을 읊조렸다.

"자, 이거나 먹자구."

동규가 눈짓으로 프라이드치킨을 가리키자 혜선이 포크로 닭의 몸통을 쿡 찌르며 말했다.

"어휴, 쓴 식용유를 쓰고 또 쓴대. 그러면 기름이 산패하고, 그래서 발암물질이 나온다는 거야."

"야, 그런 거 생각하면 지구상에 먹을 거 하나도 없어. 어서 먹어."

동규가 먼저 닭다리를 쭉 찢어 입에 물었다. 그리고 맥주를 먹었다. 혜선은 가슴살을 포크로 찢어 먹었다. 닭의 흰살이 드러났다. 털이 온통 뭉친 검은색 떠돌이 푸들 한 마리가 조금 떨어진 곳에서 처량한 표정으로 그들을 바라보고 있었다. 둘은 꾸역꾸역 닭고기와 맥주를 먹고 마셨다. 식욕이 전혀 없다고 생각했지만 그건 그들의 착각이었다. 그들은 계속 먹고 마셨다. 그야말로 꾸역꾸역이었다.

조

1

'이것은 타락에 관한 이야기다.'

시간을 때우려 집어든 영화 홍보물에서 튀어나온 말이었다. 조는 그 문장이 마음에 들었다. 조금은 어색한 번역투의 문장이었지만 오히려 그래서 더 강렬한 맛이 있었다. 조는 보는 데에서 그치지 않고 몇 번이나 그 문장을 읊조렸다. 이것은 타락에 관한 이야기다. 이것은 타락에 관한……

팝콘을 튀기는 냄새가 풍겨왔다. 극장의 어두운 구석엔 거대한 팝콘상자를 들고 우적우적 팝콘을 씹어삼키는 사람들이 보였다. 군이 전문가가 아니더라도 누구나 그들에게 비만, 체지방 과다라는 판정을 내릴 수 있을 것이다. 탄수화물과 지방질의 섭취를 줄이고 규칙적으로 운동을 하시오! 죄의식과 싸우며 팝콘을 먹는 자들과 멀리 떨어진 곳엔 건강과 매력을 자신하는 청춘들이 시계를 보며 영화 시작시간을 기다린다. 엉덩이를 탄탄하게 받쳐주는 청바지, 가슴선을 강조하는 최신형 브래지어를 한 여자들 옆엔 멋지게 머리를 빗어넘긴 남자들이 발끝으로 대리석 바닥을 툭툭 차고 있다. 아직 영화가 시작하려면 이십 분이나 남았다. 이십 분 동안 그들 중 대부분은 '이것은 타락에 관한 이야기다'라는 광고문구를, 보고 싶지 않아도 보게 될 것이다. 그러곤 몇 시간 후 표백제 냄새 풍기는 여관방 침대에서 몸을 섞게 될 남자 혹은 여자, 지금 바로 옆에서 팝콘을 먹고 있는 바로 그 남자 혹은 여자에 관해 생각하게 될 것이다. 그리고 이런 의문을 잠시, 아주 잠시나마 품게 될 것이다. 혹시, 이 남자(혹은 여자) 때문에 내가 타락해버리는 건 아닐까. 아니면 벌써 회복 불가능하게 타락해버린 것은 아닐까. 사람에 따라서는 이렇게 생각할 수도 있을 것이다. 이미 타락해버린 누군가를, 그런 줄도 모른 채 너무도 순수하게 사랑하고 있는 것은 아닐까. 그것은 비극인가, 희극인가.

2

휴일의 백화점은 국경도시처럼 어지럽다. 사람들은 북적거리고 엄마의 손을 놓친 아이들이 울고 소매치기 일당은 눈먼 지갑을 노린다. 직원들의 스트레스 지수는 치솟고 진열된 상품들에서 뿜어져나오는 화학물질 때문에 눈이 따갑다. 이렇게 모두가 괴로워하는 휴일, 그것도 바겐세일중인 백화점에서 홀로 즐거운 사람이 있다. 바로 조다. 조는 콧노래까지 흥얼거리며 매장과 매장 사이를 어슬렁거린다. 이탈리아제 넥타이를 단정하게 매고 쥐색 양복까지 걸친 그는, 어찌 보면 고액 연봉 샐러리맨 같기도 하고 또 어찌 보면 기업체 중역의 운전기사 같아 보이기도 한다. 별 특징 없는 얼굴과 헤어스타일, 옷차림을 하고 그는 우리 속의 코끼리처럼 느긋하게 일층 잡화매장 사이를 돌아다닌다. 하얀 가운을 입은 클리니크 매장의 김이 눈인사를 해온다. 조 역시 밝은 표정을 지어 보인다. 지난해 여상을 졸업하고 화장품회사에 취직한 갓 스물의 청춘이다. 다리가 길고 예쁘니 내레이터모델을 하라는 주변의 권유가 많았지만 월급 받는 게 좋아 회사생활을 시작했다는 여자다. 지난달로 카드빚이 천만원을 넘어섰다. 신용카드 일곱 장으로 돌려막고 있지만 화장품 판매원 수입으론 좀 힘들 것이다. 차는 소형차인데 키홀더는 구찌 제품을 쓰고 있고 반지하방에 살면서도 정장은 프라다를 입는다. 매장에 서 있을 날도 얼마 안 남았다. 저 다리를 높이 평가해줄 다른 세계를 찾아 떠나겠지. 아마 그 세계는 월급이 아닌 다른 급여체계를 갖고 있을 것이다. 조는 씩 웃는다. 씩 웃으면서도 그의 눈길은 날카롭게 매장 곳곳을 살피고 있다.

구두매장의 또다른 김, 여자 고객의 발에 구두를 신기다 조와 눈이 마주치자 잠시 눈빛이 흔들린다. 쪼그리고 앉은 자세 때문에 엉덩이가 튀어나와 오리처럼 보인다. 유니폼 상의가 짧아 허리의 맨살이 드러난다. 김은 조의 눈길이 그곳을 훑고 있음을 알아채고는 오른손으로 애써 상의를 끌어내려 드러난 맨살을 가린다. 그럼 이걸로 드릴까요? 생긋 웃으며 아양을 떨어보지만 이십대 후반의 손님은 대꾸 없이 바로 매장을 나선다. 다소 맥빠진 얼굴로 김, 지나가는 조를 노려본다. 백화점에 들어오기 전엔 여행사에서 일했다고 했다. 에펠탑에 갈 때마다 사온 에펠탑 미니어처가 한 다스가 되던 날, 직장에 사표를 던졌다. 에펠탑이 보기 싫어 언제나 에펠탑 밑 식당에서 밥을 먹었다는 작가 얘기도, 그 별로 우습지도 않은 농담도 도합 열두 번을 한 셈이다. 구두매장에서 일하는 것에 그녀는 만족스러워하고 있다. 무엇보다 구두는 말을 안 건다. 아무것도 묻지 않을뿐더러 불평도 없다. 손님들은 이 구두 저 구두에 발을 넣어보다 마음에 드는 걸 집어들고 계산을 한다. 그러곤 굿바이.

구두매장의 김은 카드빚도 없고 지하철을 타고 다니며 백화점 지하 은행에 적금을 붓고 있다. 남자친구가 회사 공금을 횡령해 홍콩으로 도주한 후로는 남자관계가 없다. 남자친구 회사에서 고용한 자들만이 가끔 찾아와 도망자의 행방을 묻곤 한다. 아마 그것 때문이겠지만 김은 정말이지 성실하게 살고 있다. 도대체 누구를 위해 이렇게 살아야 하는가, 가끔 억울해할 수도 있을 텐데 김은 흔들리지 않는다. 김은 조도 그들과 한패일 거라고 의심하고 있다. 언젠가 김은 조에게 이렇게 말한 적이 있다. 만약 관계가 있다면 내가 여기서 이러고 있겠어요? 그 새끼는 잊은 지 오래라구요.

조의 발걸음은 천천히 시계매장으로 향하고 있다. 티타늄과 금, 스테인리스 스틸이 일제히 빛을 퉁겨내는 유리진열장 너머에 그녀, 정이 서 있다. 정은 아름다운 여자다. 보기 드물게 맑은 눈동자, 부드러운 목선, 그리고 유니폼에 어울리는, 너무 작지도 크지도 않은 아담하고 탱탱한 엉덩이 아래로 쪽 곧은 다리가 우아하게 그녀를 떠받치고 있었다. 가슴은 작았지만 그것 때문에 더 새침해 보였다. 장인의 손길을 거친 가죽제품처럼 그녀의 육체에선 부드러운 기품이 우러나왔다. 검은색 샤넬 슈트를 입혀 티파니 매장에 세워놓으면 딱 어울릴 여자였다. 구두매장의 김은 정을 부러워한다. 시계매장에선 쪼그려앉을 일이 없기 때문이다.

조가 다가가도 정의 표정엔 변함이 없다. 그저 자기 일에 열중하고 있다. 아들에게 입학선물을 사주려는 중년 여성에게 스포츠시계를 꺼내 보여주면서 동시에 다른 시계에 묻은 지문을 부드러운 천으로 닦아내고 있다. 조는 발걸음을 멈추고 정을 바라보고 있다. 정은 조가 바라보는 걸 잘 알고 있지만 눈길을 주지 않는다. 조는 씩 웃는다. 그는 지금 정의 가난을 생각하고 있는 것이다. 신의 예술품인 그녀가 어울리지 않게도 궁핍하다는 사실이 그를 흐뭇하게 한다. 토스카나 산 양가죽 코트를 해 입는 것도 아니고 여름마다 해외 리조트를 순례하는 것도 아닌데 그녀의 통장에는 돈이 없다. 그것은 그 여자 죄가 아니다. 말과 자전거를 사랑하는 아버지를 둔 죄다. 주말마다 열리는 말과 자전거의 경주에 그녀의 아버지는 자신이 가진 모든 것을 털어넣는다. 어느 날 그는 경주 시작에 임박해 마권을 사려고 발매창구 앞으로 달려가 초조하게 줄을 서 있다가 앞사람이 꾸물댄다며 가방 속에서 벽돌을 꺼내 뒤통수를 내리쳤다. 가방 속에 그 무거운 벽돌을 넣어가지고 다니는 사람이 있다는 걸 조는 처음 알았다. 그는 경찰서로 끌려가 결국 구속되었다. 그래서 정은 더 가난해졌다.

정의 어머니는 택시 운전을 한다. 십 년 무사고 운전자이지만 다른 종류의 사고를 자주 친다. 남편이 말과 자전거에만 관심이 있으니 여자만 탓할 것도 아니다. 그녀의 동료들은 그녀 앞에서 자신의 불행을 과장하는 습성이 있다. 그런 불행한 동료들을 위로하는 차원에서 그녀는 가끔 외곽의 모텔로 차를 몰고 간다. 택시 두 대가, 그것도 같은 회사 택시가 차례로 모텔 주차장으로 들어오는 것도 흔치 않은 일이지만 그 운전자 둘이 한방을 잡는 일이야말로 정말 드문 일이어서 사람들의 시선을 모으게 된다. 그래서 그녀는 한 번 간 모텔은 결코 다시 가지 않았다.

조는 정을 다시 바라본다. 태생과는 관계없이 고결한 외모를 선물받는 사람들이 있다. 자신도 모르는 사이에 눈부시도록 청순한 모습을 갖게 된 이 미운 오리새끼들은 어느 날 문득 거울을 보다 소스라치는 것이다. 불량하게 올려붙였던 깻잎머리는 풀어내려 단정하게 뒤로 묶고, 씹고 있던 껌은 휴지통에 뱉어버리고, 한 듯 안 한 듯 가벼운 메이크업으로 분위기를 바꾸고 나면 자신을 오리라 믿고 살아왔던 백조가 거울 속에서 미소짓고 있는 것이다. 정이 바로 그런 여자다. 자신의 의지와는 무관하게 청순해져버린 여자. 구정물 속의 연꽃. 조는 그런 여배우를 한 명 알고 있었다. 다니던 여고에선 일진이었고 일진 중에서도 짱이었고 물론 지역사회의 골칫덩어리였던 그 여고생은 어느 날 길을 가다 눈 밝은 캐스팅 에이전트에게 픽업돼 몇 달 후 잘나가는 발라드 가수의 상대역으로 뮤직비디오에 출연했고 그걸로 운명이 바뀌었다. 청순가련의 대명사였던 그녀, 그녀의 연기력은 자신을 배신하고 떠난 남자들을 공격할 때 가장 빛을 발했다. 널 가만두지 않을 거야! 스스로를 배신한 얼굴이 또다른 배신을 향해 표독스러운 살의를 드러낼 때 조는 그녀의 희극적 운명에 일말의 연민을 느낀다.

3

　조는 좀도둑을 사랑한다. 사시미칼을 휘두르는 조폭이나 아내를 살해하고 집에 불을 질러버리는 무도한 놈들은 질색이다. 좀도둑은 긴장을 즐기는 자다. 결행 직전 뇌를 질식시키기라도 할

듯 뿜어져나오는 아드레날린 분수를 사랑하는 자다. 그래서 좀도둑들은 술이나 마약을 하지 않는다. 아니, 그럴 필요가 없는 것이다. 영화 〈순수의 시대〉에 출연했던 여배우 위노나 라이더는 그토록 순결한 얼굴로 베벌리힐스의 한 호화 백화점에서 사천칠백육십 달러 상당의 옷을 훔치다 경비원에게 붙잡혔다. 운좋은 놈! 백화점 경비원은 평생 그 일에 대해 떠들 것이다. 위노나 라이더의 흔들리는 눈빛과 무의미한 저항, 부조리한 변명에 대하여! 같이 가시죠, 왜 이러시는 거예요? 가방을 열어주시겠습니까? 계산대로 가던 중이었다니까요! 계산대는 이미 지나오셨습니다. 완벽하게 장악된 사냥감, 목덜미를 물고 이리저리 흔들어대는 맹수, 절정의 순간이 지연될수록 사냥꾼의 즐거움은 커진다. 그 사실을 모르는 일급 여배우는 끝까지 고개를 저으며 상황을 부인한다. 그러다가 칵. 이빨이 들어와 사냥감의 대동맥을 끊어놓는 것이다.

조가 좀도둑을 처음 잡은 곳은 은행이었다. 휴가철 금융기관 특별경계기간이었다. 두 군데의 은행이 무장강도들에게 털린 후여서 신경이 곤두서 있었다. 그때는 조도 신참이었으니 더했을 것이다. 잡지를 펼쳐들고 소파에 몸을 파묻고 객장을 주시하고 있었지만 별다른 동향은 없었다. 조는 자리에서 일어나 객장 한쪽 구석에 놓인 정수기를 향해 걸어갔다. 종이컵을 뽑아 물을 받아 마시는 그의 눈과 한 남자의 눈이 마주쳤다. 고등학생이었다. 짧은 머리에 얼굴엔 여드름이 가득했다. 소파에 앉아 잡지를 보다가 가끔씩 고개를 들어 주변을 힐끔거리고 있었다. 조는 그의 뒤쪽으로 가 앉았다. 자신도 잡지를 펼쳐들고 그의 동정을 살폈다. 수상하기는 했지만 뭘 하려는 건지는 알 수 없었다. 총을 가진 것 같지도 않았고 짝패가 있는 것 같지도 않았다. 그렇지만 고등학생은 계속 주변을 살폈다. 이윽고 그의 행동이 시작되었다. 그는 보던 잡지를 천천히, 뱀이 개구리를 삼키듯이 자신의 티셔츠 속으로 집어넣기 시작했다. 그것은 불과 이삼 초 안에 일어난 일이었지만 그 두 사람에겐 아주 길게 느껴졌을 것이다. 잡지를 챙긴 고등학생은 자리에서 일어나 은행을 나갔다. 조는 그를 뒤따랐다. 은행 앞 횡단보도를 건너기 전에 불러세웠고 고등학생은 순순히 멈춰 섰다. 뱃속에 뭐가 들었는지 좀 볼까? 더운 여름이었다. 고등학생은 땀을 뻘뻘 흘리고 있었다. 조는 그의 뱃속에서 잡지를 끄집어냈다. '휴가철 섹스테크닉'과 '오르가슴의 신천지 지스폿 대탐구' 같은, 사춘기 소년에게 너무도 유용한 정보들이 빼곡히 들어 있는 여성지였다. 도난을 방지하기 위해 플라스틱 판에 붙여놓아 부피는 더 컸다. 조는 여성지를 들어 고등학생의 머리를 딱 한 대 내리쳤다. 가봐. 고등학생은 쭈뼛거리며 태양이 작열하는 거리를 뛰다시피 걸어 달아났다. 조는 여성지를 든 채로 혼자 남겨졌다. 처음으로 획득한 장물이 주부 대상의 여성지고 그 범인이 여드름 난 고등학생이라는 걸 조는 아무에게도 말하지 않았다.

4

조는 백화점을 나선다. 밀려들어오는 사람들을 부드럽게 비켜가면서도 표적을 놓치지 않는다. 표적은 백화점 앞에서 흘깃 손목시계를 본다. 미행이 있는가를 살피는 것이다. 그녀의 은빛 페라가모 선글라스가 햇빛을 그에게로 퉁겨보낸다. 표적은 지하철역 입구로 향한다. 조는 표적과의 거리를 좁힌다. 백화점 근처 지하철역은 번잡하다. 어떤 표적들은 그야말로 연기처럼 획, 사라져버린다. 너무 늦기 전에, 표적의 아드레날린 분비가 지속되는 동안 덮쳐야 한다. 발걸음이 빨라지는 조. 그러나 표적도 드디어 조의 존재를 눈치챘다. 역 입구 계단을 황급히 내려가는 표적. 그러나 턱을 땅에 대고 자비를 구걸하는 걸인 앞에서 여자는 조에게 팔목을 잡힌다. 물큰. 팔을 뿌리쳐보지만 조의 의지는 완강하다. 자유로운 왼손으로 경찰 신분증을 꺼내 표적의 코앞에 들이대자 여자의 저항은 약해진다. 여지를 두지 않고 조는 여자의 손목을 홱 잡아채 백화점 쪽으로 다시 끌고 올라간다. 그러다가 주차장 쪽으로 방향을 바꾼다. 빨간 모자를 쓴 주차요원들이 호루라기를 불고 있다. 덜컹거리며 철판 위를 지나 주차장 입구로 들어서는 자동차들. 보스의 호출에 맞춰 허겁지겁 달려온 졸개들처럼 열을 지어 지하로 내려간다.

여자의 백 속에선 많은 것들이 쏟아져나온다. 조는 묵묵히 물건들을 꺼낸다. 실크스카프, 브로치, 초콜릿에 팬티까지. 조는 그녀가 훔친 것들을 다시 백 속에 넣는다. 영수증 없으시죠? 단정한 옷차림의 여자는 이제 더이상 비굴하지 않다. 영수증 없는 것도 죄가 되나요? 조는 활짝 웃었다. CCTV에 다 찍혀 있습니다. 조는 엄지손가락으로 백화점의 정문을 가리켰다. 들어가서 볼까요?

여자가 백을 다시 집어들며 말했다. 원하는 게 뭐예요? 백을 움켜쥐는 여자의 손이 떨리고 있었다. 언젠가 이런 날이 올 줄 알았겠죠? 그게 어쩐지 오늘이리라는 막연한 불안감도 들었을 거구요. 그런데도 실크스카프는 오늘따라 더욱 아름다웠겠지요. 그러니 그 스카프를 천천히 손아귀에 말아쥘 수밖에 없었던 거죠. 이보세요, 아가씨. 백화점은 좀도둑 천지고 나는 타락한 경찰입니다. 조는 사냥감의 눈동자를 빤히 쳐다보며 고개를 갸웃거렸다. 이게 당신한테 얼마나 다행스러운 일인지 아직도 모르시겠습니까? 조는 웃으며 이죽거렸다. 알래스카의 배부른 곰들은 연어의 눈알만 먹고 버린답니다. 그게 가장 맛있으니까요.

여자는 눈을 감았다.

5

조는 알고 있다. 정은 안간힘을 다해 버티고 있다. 아름다운 여자를 가만히 놔두겠는가. 손님에게 언제나 친절하도록 교육받은 저 감정노동자들만 노리는 치들이 있다. 그들은 시계를 골라 달라고 말하기도 하고 전에 산 걸 들고 와 바꿔달라고 하기도 한다. 어떻게든 정에게 말을 붙인 후엔 노골적으로 치근덕거린다. 이 거머리들의 특징이 바로 뻔뻔함이다. 잘 믿기지 않겠지만 이런 게임에선 뻔뻔한 자들의 성공 확률이 더 높다. 뻔뻔하다는 것은 자신이 원하는 것을 드러내놓고 시작한다는 것인데 상대가 그 뻔뻔함에 호응하기만 하면 거래는 그 자리에서 성사된다. 호색한들이 노골적인 까닭은 간단하다. 그게 그들에겐 훨씬 현실적이기 때문이다. 아니라면, 어서 다른 상대를 찾아야 하지 않겠는가. 호색한들의 은밀한 요구에 정은 놀라운 참을성으로 웃으며 거절한다. 그럴 때마다 정은 자신의 키가 조금씩 줄어드는 느낌이다. 어쩌면 백화점은 그녀를 천천히 집어삼키는 개미지옥인지도 모른다. 저 남자친구 있어요. 너무도 집요한 어떤 남자에겐 심지어 이런 말까지 해야 했다. 굴욕적이지만 그 굴욕에서 오는 쾌감도 있다. 그 쾌감은 반복되지 않는다. 그래서 다음번엔 조금 더 뻔뻔해진다. 뻔뻔한 자들을 다루는 법을 알아가게 되면서 그녀는 그들을 조금씩 닮아간다. 치근덕거리는 남자들에게 값비싼 시계를 팔아넘길 수 있는 지경에 이른다. 남자들은 집요하게 그녀의 아름다움은 화폐와 등가교환이 가능하다는 사실을 일깨워준다. 그러면서 그녀는 조금씩 무너져간다.

말하자면 옷벗기게임 같은 것이다. 처음 티셔츠를 벗을 때가 가장 어렵다. 눈 깜짝할 사이 팬티와 브래지어만 남는 것이다.

그래도 부끄럽지 않다. 아직은, 아직은 아닌 것이다.

하루는 매장으로 어떤 남자가 찾아와 말했다. 필리핀으로 떠난 남자가 있었습니다. 벌을 치는 사람이었죠. 다른 양봉업자처럼 트럭에 텐트와 벌통을 싣고 꽃 따라 이 산줄기 저 언덕배기 다니다가 문득, 필리핀에는 겨울이 없다는 데 생각이 미쳤습니다. 필리핀에 사촌이 살거든요. 그렇다면 일 년 내내 꿀을 딸 수 있다는 게 아닌가. 남자는 벌통을 들고 사촌이 있는 필리핀으로 건너갔습니다. 그의 예상이 맞았습니다. 꽃은 일 년 열두 달 지천으로 피어 있었고 벌들은 쉴새없이 꿀을 따모았습니다. 다음 해, 그는 가진 돈을 몽땅 털었습니다. 그러곤 한국에서 더 많은 벌통을 수입해 더 크게 판을 벌였습니다. 남자는 자비를 구하는, 중년 남자들이 흔히 짓는 그 불쌍한 표정으로 정을 바라보았다. 그래서 어떻게 됐어요? 그녀가 물었다. 남자는 한숨을 푹 쉬었다. 엄청난 손해를 보고 말았습니다. 빚더미에 올라앉은 거지요.

말벌들의 습격을 받았나봐요? 아름다운 정이 값비싼 시계를 산 손님에 대한 서비스 차원에서 한번 더 물어주었다. 남자는 고개를 저었다. 해가 지나자 이 약삭빠른 벌들이 필리핀엔 겨울이 없다는 걸 알아버렸습니다. 겨울이 없다면 그토록 부지런하게 일할 이유가 없는 거지요. 안 그렇습니까? 겨울이 없는데 뭐하러 꿀을 모으겠습니까? 손님은 포장이 끝난 시계를 받아들었다. 그의 욕망이 다소곳이 시계를 건네주는 정의 귀밑머리와 목덜미의 솜털과 가지런히 자라난 흑갈색의 눈썹을 응시한다. 정은 목을 살짝 움츠린다. 포식자를 만난 자라처럼.

돌아서는 남자의 목덜미가 초콜릿처럼 어두웠다.

6

타락에는, 사람들이 흔히 생각하는 것과 달리 별다른 이유가 없다. 첫눈에 누군가와 사랑에 빠지는 일이 가능하듯 멀쩡히 자기 삶을 영위하던 사람이 돌연 타락해버리는 일도 가능하다. 두 가지가 한 가족 안에서 거의 동시에 발생하는 경우도 있다. 지난달, 조의 표적이었던 여대생의 경우가 그러하다. 그녀가 다니던 대학의 교수였던 어머니가 성적처리가 한창이던 6월의 어느 날, 수영 강사와 함께 달아나버렸다. 어머니는 돌아오지 않고 소문은 눈덩이처럼 커지는 동안 그녀는 백화점에서 머리핀을 훔치고 있었다. 폐품처럼 버려졌음 좋겠어. 누군가 넌 정말 쓸모없는 계집애라고 말해줬음 좋겠어. 군대에라도 갔음 좋겠어. 아아악.

조에게 잡힌 것이 절도면허라도 되는 것처럼 그녀는 다음날에도 그리고 그 다음날에도 백화점에 나타나 물건에 손을 댔다. 조도 어쩔 수 없는 날이 있다. 그가 경찰 본연의 임무를 수행하는 날, 그러니까 그가 백화점에 올 수 없는 그 어느 날, 검은 양복을 입은 경비업체 직원들이 그녀를 정중하게 끌고 갔다. 비번이었더라도, 그래서 조가 매장을 어슬렁거리고 있었더라도 별

수는 없었을 것이다. 그녀는 현행범으로 체포되어 조가 근무하는 경찰서로 인계되었다.

조는 그녀와 마주치지 않기 위해 밖으로 나갔다. 조는 그녀의 피 흘리던 가랑이를 생각하고 있다. 자기 엄마가 바람이 났기 때문에 도둑이 되었다는 변명은 온당치 않다. 마찬가지로 도둑질 때문에 처녀를 잃었다고 말하는 것도 비약이다. 그녀는 그저, 타락한 것이다. 어느 날, 더벅머리 소년이 술을 배우듯 그녀는 타락을 배웠고 그 순간 인생에서 중요한 무언가가 그녀에게서 사라졌다.

처녀막을 말하는 것은 아니다.

7

정이 말을 걸어온 것은 처음이었다. 조형사님, 오늘 비번이시죠? 시간 좀 내주세요. 영업시간 끝나구요. 조는 고개를 끄덕였다. 시간은 조의 생각만큼 빨리 흐르지 않았고 자신의 초조함을 드러낼 만큼 어수룩하지는 않았기 때문에 조는 백화점을 나가 거리를 쏘다녔다. 백화점 앞 노점에서 지갑을 슬쩍하는 좀도둑 한 명과 3인 1조의 소매치기들을 보았지만 내버려두었다. 음반 매장으로 들어가 헤드폰으로 샘플 CD들을 들었다. 테스토스테론이 그의 내부에서 더 큰 소리로 노래하고 있었다. 그는 볼륨을 올렸다. 아직 제 아름다움의 가치를 잘 모르는, 그러나 정말로 눈부신 여자와 저녁시간을 함께 보내게 된다는 사실이 그를 흥분시켰다. 그녀는 뭔가 부탁을 하겠지. 남동생이 누군가의 옆구리를 식칼로 찔렀을 수도 있고 택시기사 엄마가 횡단보도를 건너는 남자의 늑골을 부러뜨렸을 수도 있겠지. 사람들은 그럴 때 경찰을 찾는다. 그녀도 예외는 아닐 것이다. 단지 그녀가 설명해야 할 상황이 아주 복잡한 것이었으면 좋겠다고 조는 생각한다. 그럼 그녀의 아름다운 입술이 오물거리는 것을 오래 볼수 있을 테니까. 또, 그녀가 해야 할 부탁이, 그녀로서는 정말이지 자존심 상하는 것이었으면, 굴욕적인 것이었으면 좋겠다고 생각한다.

정이 나타난 것은 밤 열시가 다 되어서였다. 조는 위스키를 시켰다. 정은 위스키를 좋아하지 않는다고 했다. 정을 위해선 소다를 주문했다. 아름다운 여인에게 어울리는 음료다. 정은 핸드백에서 작은 상자를 꺼내놓더니 천천히 포장을 풀었다. 플라스틱 상자 안에서 불가리 시계가 나왔다. 조와 정의 눈길이 마주쳤다. 조의 눈빛이 심하게 흔들렸다. 이해하기 어렵다는 표정이었다. 이 주일 전에 매장에서 도난당한 시계예요. 조가 고개를 갸웃거리자 그녀가 덧붙였다. 제 월급보다도 비싼 거고, 글쎄, 이런 말씀 드리면 오해하실 수도 있겠지만, 저도 무척 갖고 싶었던 물건이에요. 그녀는 시계의 표면을 만지작거렸다. 잘 어울립니다. 빈말이 아니었다. 그녀의 희고 가느다란 손목에 은빛 불가리 시계는 그야말로 화룡점정이었다.

그런데 이 시계가 저희 집으로 배달돼 온 거예요. 이렇게 케이스까지 그대로 말이죠. 정은 조를 빤히 바라보고 있다. 조는 몸을 뒤로 젖혔다. 그러니까 누군가가 매장에서, 그것도 아주 깊숙이 조심스럽게 진열해두는 불가리 시계를 슬쩍하고선 태연하게 당신에게, 그것도 당신 집으로 보냈다는 얘기지요? 그녀는 고개를 끄덕였다. 있을 수 없는 일이에요. 매장은 난리가 났어요. 벌써 두번째예요. 지난번에는 구찌였어요. 정은 빨대로 소다를 빨아올렸다.

만약 누군가의 장난이라면, 아주 질이 나쁜 장난이지요. 조는 잘 알고 있다. 그런 시계가 없어졌다면 정은 필시 모욕적인 몸수색과 비난을 감수해야만 했을 것이다. 물론 금전적인 책임도 어느 정도는 져야 했을 테고 동료들의 의심도 받고 있을 것이다. 조는 그녀가 손목에 차고 있는 씨구려 패션시계를 바라보고 있다. 가죽끈의 봉제선에서 올이 풀려나가고 있었다. 비극이다. 정은 저런 씨구려를 차서는 안 될 여자다. 그런데도 그녀는 안간힘을 다하여 버티고 있다. 안타까운 마음에 조는, 위스키를 권하듯 타락을 권한다.

겨울도 없는데, 뭐하러 이렇게 힘들게 삽니까?

8

　목덜미가 검게 그을린, 실패한 양봉업자는 계속 정을 찾아왔다. 가족을 위한 시계를 다 사고 나서는 마라톤용 시계, 스쿠버다이빙용 시계, 고도계가 달린 산악용 시계를 샀다. 정은 모른 척하고 계속 시계를 팔았다. 팔목 발목까지 다 차고도 남을 시계를 사고도 그녀의 마음을 얻지 못한 양봉업자는 슬픈 얼굴로 돌아섰다. 정은 돌아서는 남자의 뒷모습을 한동안 바라보았다. 조가 그의 뒤를 따랐다. 조는 주차장에서 남자를 따라잡았다. 그 여자, 그 여자 때문에 미치겠지? 남자는 잠시 멈칫하더니 조를 무시하고 자기 차를 향해 걸어갔다. 지금은 한남동에서 낚시용품점을 하고 있다는 그 실패한 양봉업자는 거의 뛰다시피 빨리 걸었다. 조는 그의 등뒤에 대고 쏘아붙였다. 돈이 한정 없이 들지? 내가 그 여자 잘 알아. 그 여자하고 자고 싶으면 시계 같은 걸론 안 돼. 그럴 돈 있으면 모두 모아 차라리 단 하루, 그 여자를 유혹하는 데 다 써버려. 최고급 레스토랑을 예약하고 백화점 앞엔 리무진을 대기시키라고. 남자는 부들거리는 손으로 주머니에서 자동차 열쇠를 꺼냈다. 티파니 목걸이를 준비했다가 디저트가 나올 때 걸어주는 거야. 디저트 서브가 끝나면 미리 예약해둔 호텔방의 카드키를 내밀어. 그 여자는 당신이 이 모든 돈을 어떻게 마련했을까, 의심할 거야. 부정하게 마련한 돈이라는 인상을 풍겨야 돼. 공금횡령을 밥 먹듯 하는 자의 미소로 승부수를 던지는 거야. 오늘밤 당신과 자고 싶다. 그뿐이다. 라고.

　남자는 문을 열고 차에 올랐다. 쾅 소리를 내며 문이 닫히고 시동이 걸렸다. 거친 소음과 함께 남자의 차가 주차창 출구를 향해 내달렸다. 끼기기긱. 바닥과 타이어가 마찰하는 소리와 함께 다른 자동차들도 열을 지어 주차장을 빠져나가고 있었다. 조 역시 뚜벅뚜벅 자기 차가 세워져 있는 구역을 향해 걸어간다.

9

　백화점으로 들어서는 조. 밖은 푹푹 찌고 있지만 매장 안은 시원하다. 강력한 에어커튼이 마치 살균이라도 하듯 백화점 안으로 들어오는 사람들의 몸을 훑어내린다. 조는 에어커튼 아래 잠시 서 있다가 백화점 안으로 발을 들여놓는다. 눈에 익은 경비업체 직원 하나가 눈인사를 해온다. 그러곤 습관처럼 무전기를 들고 뭔가를 뇌까린다. 처음 무전기를 받으면 누구나 저렇다. 별 시답잖은 얘기도 무전기로 하게 되는 것이다. 어른들의 장난감인 셈이다. 평소의 코스대로 조는 일층 매장을 훑는다. 넥타이매장에 들러 새로 나온 라이센스 제품들을 살펴본다. 별로 쓸 만한 것이 없다. 형사가 무슨 넥타이냐며 반장은 어이없어한다. 범인 검거하다가 목이라도 졸리면 어쩌려고 그래? 그러나 조는 넥타이를 사랑한다. 그리고 넥타이를 훔쳐가는 좀도둑들을 더 사랑한다. 그 좀도둑들 덕에 조의 집엔 아름다운 넥타이들이 많다.

구두매장의 김은 창고에 내려갔는지 보이지 않는다. 클리니크의 김은 결국 회사를 그만두었다. 화장품회사 소유였던 그녀의 다리는 이제 카드회사 소유가 되었다. 그녀는 카드회사를 위해 일하고 술 마시고 섹스할 것이다. 카드회사는 그녀를 사랑한다. 언제나 연체이자를 물어주고 수수료가 높은 장기할부, 회전결제까지 하는 그녀를 어떻게 미워하겠는가.

조의 발걸음은 천천히 시계매장을 향하고 있다. 멀리, 정의 뒷모습이, 단정하게 틀어올린 머리가 보이면 조는 행복해진다. 테스토스테론이 파티를 벌이는 시간이다. 아직도 의연히 시계를 팔고 있다. 유혹자들은 무릎을 꺾었다. 사랑스런 그녀는, 불행히도 바보다. 너의 미모를 시장에 내놓아라. 경매에 부쳐라. 구매자들의 애를 태우고 눈에서 총기를 빼앗아라. 조는 안타까운 마음으로 그녀에게 충고한다. 그러나 그 충고는 그녀의 귀에 가 닿지 못한다. 뒤통수에 와 닿는 시선을 느낀 듯 그녀도 뒤를 돌아본다. 그녀가 조를 보고 씩 웃는다. 너무도 환한 웃음이어서 조는 다리에 힘이 풀린다. 그때 누군가 조의 옆구리를 슬쩍 건드린다. 백화점의 안내방송은 미아를 찾고 있다. 빨간 원피스에 노란 모자를 쓴 세 살짜리 여자 어린이를 찾습니다. 조의 반대쪽 옆구리도 누군가 건드린다. 그리고 동시에 곧 양쪽 옆구리로 팔이 들어와 강하게 조를 압박한다. 양쪽에서 팔짱을 낀 두 사

람의 남자, 자세히 보면 그와 늘 눈인사를 나누던 경비업체의
멀끔한 직원들이다. 누가 찾습니다. 매장 밖 비상구를 지나 복도
를 거쳐 삼십 미터쯤 걸어가면 그들의 사무실이 나온다. 사무실
안에는 조가 근무하는 경찰서의 정보계장이 앉아 있다. 직속상
관도 아닌 자가 왜 자기를 찾았는지 조는 의아하다. 정보계장은
컴퓨터 모니터를 보고 있다. 흑백의 CCTV 녹화 화면이다. 주차
장 구석에서 한 남자가 다른 남자 하나의 덜미를 잡아채고 있
다. 계장이 한 남자를 가리키며, 자네, 맞지? 라고 묻는다. 자기
뒷모습을 본 적이 한 번도 없으면서 조는 고개를 끄덕인다. 그
때 본청에서 나왔다고만 밝힌 짧은 머리의 남자가 조의 뒤에 와
선다.

그러나 아직도 조는 정확히 상황을 판단하지 못하고 있다. 조
는 묻는다. 아니, 계장님, 도대체 무슨 일입니까? 조보다 열 살
많은 계장이 자기 앞에 놓인 누런 봉투를 거꾸로 쏟았다. 불가리
시계가 툭 떨어졌다. 그렇게 함부로 다뤄서는 안 되는 시계라는
생각에 조는 자기도 모르게 손을 뻗는다. 시계는 탁자 위에 떨어
지고 뻗은 그의 손으로는 수갑이 날아든다. 나도 이러고 싶지는
않네. 누가 다치고 죽은 것도 아니니 옷 벗고 변상하는 선에서
끝날 수도 있어. 그러니 조용히 가지. 그럴 수 없다는 것은 누구
보다 조가 잘 안다. 정보계장의 휴대폰이 울린다. 그래, 응, 그
래, 시건장치 다시 잘 확인하고 장물만 챙겨서 철수해. 정보계장
은 폴더를 접었다. 알지? 순서대로 다 가는 거야. 집이 좀 어지

러울 거야. 수색도 끝났고 나올 것들도 다 나온 모양이야. 이 사람, 하려면 크게 한 건 할 일이지, 이게 뭔가. 좀도둑질이라니.

예단하지 마십시오. 조는 조용히 항변했다. 우리도 예단은 안해. 무슨 죄목을 적용할지부터가 좀 복잡할 것 같군. 장물취득에 증거인멸, 직무유기, 아니 그냥 업무상 횡령으로 봐야 할까, 아, 도무지 모르겠군. 아무리 그래도 절도보다는 형이 가벼울 거야. 조는 그들이 생각보다 많은 것을 알고 있다는 것에 조금 놀란다. 중국인이 낀 삼인조가 매장을 어수선하게 만든 사이, 다른 한 명이 시계와 다이아몬드 반지를 슬쩍 챙겼다. 조가 잡은 놈은 마침 시계를 갖고 있었다. 도둑들은 물건의 가치를 잘 모른다. 조는 그것을 빼앗아 아름다운 정의 집으로 보냈다. 그 시계는 정말이지 그녀에게 잘 어울렸다. 백화점 간부들과 직원들이 열린 문틈으로 그의 모습을 훔쳐보고 있었다. 구두매장의 김도 동료들과 쑥덕거리고 있었다. 그러나 그 순간에도 조가 궁금한 것은 오직 하나였다.

정은 어떻게 그 시계를 보낸 게 조라는 것을 알았을까. 그녀가 문득 두려워져 조는 고개를 저었다. 사람들은 그것을 후회의 몸짓으로 읽고 혀를 찼지만 그 소리는 조의 귀에는 들리지 않았다.

10

구치소의 차가운 바닥에 앉아 조는 많은 생각을 한다. 책을 읽고 신문을 보지만 그의 머릿속엔 백화점뿐이다. 아름다운 정과 CCTV와 구두매장의 김, 바람난 여교수의 딸을 떠올린다. 에어컨 바람에 실려오는 화학섬유의 매캐한 향과 백화점 특유의 나른함. 망설이는 좀도둑들의 눈빛과 피곤에 지친 직원들의 모습. 비상계단에 앉아 종아리를 두드려주는 어린 여자들.

조는 후회하지도, 반성하지도 않는다. 대신 오래 전 영화관에서 마주친 구절을 조용히 읊조린다. '이것은 타락에 관한 이야기다.' 그러자 구치소가 어두운 극장처럼 느껴졌다. 조는 천천히 눈을 감는다. 아름다운 정이 낚시용품점 사장과 함께 피크닉을 떠나는 모습이 보인다. 바람난 여교수가 딸과 함께 옷을 사러 의류매장을 돌아다니는 모습도 정겹다. 구두매장의 김은 남자친구를 찾아 홍콩으로 떠나고 클리니크의 김은 베네통의 모델이 되어 국제공항 로비에 전시된다. 그러나 조가 눈을 뜨자 모든 것이 허공 속으로 사라진다.

바다 이야기

바다 이야기 1

어둠이 내린 해변을 산책하는데 뒤에서 웬 남자 목소리가 나를 불렀다. 돌아봐도 아무도 없었다. 다시 가려는데 목소리가 더 애절하게 나를 불렀다. 자세히 보니 모래밭에 머리 하나가 덩그러니 놓여 있었다. 그 머리가 말을 하고 있었다.

"제발 그냥 가지 마시고 날 좀 꺼내주세요."

나는 말하는 머리에게로 갔다.

"무슨 일입니까?"

"친구들이 장난으로 나를 파묻고 그냥 가버렸습니다."

"설마 장난으로 이렇게 깊은 구덩이를 파고 친구를 묻는 사람이 있을까요?"

"있습니다. 나쁜 놈들입니다. 제발, 답답해서 미치겠습니다. 어서 저를 좀 꺼내주십시오."

나는 망설였다.

"실은 뭔가 나쁜 일에 휘말리신 것 아닙니까? 남의 돈을 빌렸다든가, 남편 있는 여자를 건드렸다든가……"

"아니라니까요. 친구들이 장난을 친 거라고요."

"그럼 친구분들이 돌아와서 다시 꺼내주겠지요."

"아마 술들을 퍼먹고는 내가 여기 있다는 것도 잊어버렸을 겁니다."

"친구분들은 저 호텔에 있나요?"

나는 언덕 위를 가리켰다.

"아, 정말, 그렇게 자꾸 캐묻지만 말고 어서 날 좀 꺼내주세요."

"미안합니다."

나는 그에게 인사를 꾸벅하고 호텔로 돌아왔다. 아내가 어디 다녀왔느냐고 물었다. 모래에 파묻힌 사람과 이야기를 좀 나누고 왔다고 하니, 믿지 않았다. 침대에 누웠지만 아무래도 잠이 오지 않아 다시 해변으로 돌아갔다. 그러나 구덩이만 덩그러니 남아 있고 아무도 없었다. 호텔로 돌아오자 아내가 이제는 내가 자기를 사랑하지 않는다며 엎드려 울고 있었다.

해변에 앉아 바다를 바라보고 있었다. 관광객은 거의 없는 한적한 백사장에선 영화 촬영을 하고 있었다. 남자와 여자가 달리다가 쓰러지고 다시 일어나 달리다가 쓰러지기를 반복하고 있었다. 웨딩드레스를 입은 여자와 폴로셔츠를 입은 남자는 잘 어울렸다. 결혼식을 하던 여자가 옛 애인과 달아나는 건가? 나는 혼자서 영화의 스토리를 상상하고 있었다.

한참을 찍더니 촬영팀은 방향을 바꾸고 조명도 새로 설치한 뒤 촬영을 재개했다. 이번에는 두 남녀가 모래밭에 앉아 바다를 바라보고 있고 엑스트라들이 그 앞을 지나가는 것이었다. 무심히 그 장면을 보고 있는데 메가폰을 든 젊은 남자가 나에게로 헐레벌떡 뛰어왔다.

"내가 화면에 나오나요?"

내가 물었다.

"아니요." 남자가 말했다. "그게 아니고요, 혹시 잠깐 엑스트라로 출연해주실 수 있을까요? 그냥 해변을 걷기만 하면 되는 겁니다. 아주 쉽습니다."

나는 자리에서 일어나 그들이 시키는 대로 했다. 다른 엑스트라들과 같이 해변을 걸었다. 이쪽에서 저쪽으로, 저쪽에서 이쪽으로 수없이 왔다갔다했다. 카메라 쪽을 봐서는 절대로 안 된다고 했기 때문에 오직 앞만 보고 걸었다. 그렇게 한 시간쯤을 왔다갔다했을까? 아까의 그 남자가 오더니 이제 그만해도 된다고 했다. 그러고는 약간의 돈을 주었다.

나는 다시 처음의 자리로 돌아와 그들이 촬영현장을 정리하는 것을 물끄러미 바라보았다. 마침내 그들이 모두 떠나간 후에 나는 혼자 해변으로 내려가 아까와 같이 걸었다. 카메라가 있던 쪽은 절대로 쳐다보지 않으면서.

퀴즈쇼

1

퀴즈쇼 녹화는 점심을 먹고 나서 바로 시작해 오후 늦게까지 계속됐다. 스튜디오는 조명 때문에 더운데다가 먼지가 많아 목이 칼칼하고 눈이 아팠다. 나는 은이를 처음부터 알아봤지만 은이는 일부러 그러는지 아니면 그새 나를 잊어버렸는지 눈길 한 번 주지 않았다. 우리의 경쟁자 네 명이 차례로 떨어져나가고 마침내 은이와 나, 둘만 남아 마지막 대결을 벌이게 되었다. 진행을 맡은 아나운서는 카메라가 돌아갈 때는 사근사근하다가 카메라가 꺼지면 우리를 애 취급하며 시건방지게 굴었다.

"다음 단어들에서 연상되는 도시의 이름을 맞혀주십시오. 파블로 피카소, 연극제, 교황청……"

삐이이익. 내가 먼저 버튼을 눌렀다.

"네, 정동국씨가 먼저 누르셨네요. 정답은?"

"아, 아비뇽?"

"아비뇽? 네, 정답입니다."

하체를 가린 전광판에 내가 얻은 점수가 나타났다. 사회자가 정답을 해설하기 시작했다.

"파블로 피카소의 1907년 작이죠. 〈아비뇽의 아가씨들〉. 그리고 이 도시는 또 아비뇽 연극제로 유명하구요. 한때 이곳엔 교황청도 설치돼 있었는데요. 이 아비뇽 연극제는 그 교황청 뜰에서 열리는 것으로도 유명합니다. 정동국씨, 어떤 분야 고르시겠습니까?"

나는 침을 삼켰다. 그러면서 슬쩍 은이를 바라보았다. 은이는 눈을 살짝 내리깐 채 다음 문제를 기다리고 있었다.

"역사, 50점, 하겠습니다."

"정동국씨, 역사에 강하신가봐요. 조은이씨, 어떠세요? 자신 있으세요? 아직 긴장이 덜 풀리신 것 같은데요."

은이는 별다른 대꾸를 하지 않고 그냥 가볍게 미소만 지어 보였다. 은이는 하나하나 뜯어보면 별로 달라진 게 없었지만 전체적으로는 훨씬 여성스럽고 성숙해져 있었다. 하긴, 나와 동갑이니 은이도 벌써 스물넷이었다.

"조선의 제20대 왕을 맞히는 문제입니다. 유명한 희빈 장씨, 장희빈의 아들입니다. 재위기간이 사 년에 불과한 비운의 왕으로……"

삐이이익. 이번에는 은이가 빨랐다.

"조은이씨가 빨랐네요. 정답은?"

"경종입니다."

"정답입니다."

스튜디오에 박수가 터졌다. 은이가 살짝 눈을 치켜뜨며 내 점수판을 살폈다. 그러다가 나와 눈이 살짝 마주쳤지만 이내 새침하게 눈길을 거두었다.

"네, 조은이씨도 만만치 않은데요. 결승전답게 팽팽한 양상입니다. 자, 선택권은 조은이씨에게 넘어갑니다. 선택하시죠."

은이는 별로 주저하지 않고 '지리, 40점'을 골랐다. 마다가스카르를 묻는 문제였는데 은이가 빨랐다. 이제 그녀가 앞서가기 시작했다. 그녀는 계속 지리를 선택했다. 다음 문제는 힌두교의 7대 성지 가운데 하나인 바라나시를 묻는 문제였고 이번에도 은이가 간발의 차이로 맞혔다. 그다음 문제의 정답은 그랜드 캐니언이었는데 은이가 실수로 요세미티라 대답하는 바람에 내가 가로챌 수 있었다. 공방전이 이어지고 찬스를 쓰고 어쩌고 하다보니 은이와 나는 마지막 문제까지도 우열을 가릴 수 없는 상황이 되었다. 은이는 아주 적절한 타이밍에 찬스를 써서 앞서가던 내 덜미를 잡아채고 앞서나갔다. 점수차는 80점이었지만 남아 있는 마지막 문제가 100점짜리였기 때문에 내가 맞힌다면 역전할 수 있었다. 마지막 문제는 쉽지 않았다.

"이 사람은 누구일까요? 오스트리아 출신의 심리학자입니다.

빈 대학 의학부를 졸업한 후, 당시 그곳에서 활약하고 있던 프로이트와 아들러에게 배웠구요. 2차대전중에는 유대인이라는 이유로 부모와 아내 그리고 두 자녀와 함께 체포되어 아우슈비츠 강제수용소에 끌려가 처참한 생활을 했습니다. 전후 그때의 체험을 토대로 독자적인 "실존분석"을 제창하고 "로고테라피"를 창시하였습니다. 『죽음의 수용소에서』라는 책으로 유명한 이 사람은 누구일까요?"

삐이이익. 먼저 버튼을 누른 것은 나였다. 『죽음의 수용소에서』라는 책은 읽지 못했지만 대학교 일학년 때 들었던 심리학개론 시간에 분명 배웠던 학자였다. 나는 숫자에는 약했지만 사람 이름 같은 고유명사를 기억하는 일에는 자신이 있었다.

"정동국씨가 빨랐습니다. 이 문제를 맞히시면 극적인 역전으로 우승하시게 됩니다. 우승 상금은 모두 이천만원입니다. 알고 계시죠?"

사회자는 '이천만원' 부분에 과장되게 힘을 주었다. 마치 그 이천만원만 있으면 인생이 바뀔 것 같은 느낌이 들었다. 물론 지금 같은 학생 신분엔 이천만원 아니라 이백만원이라도 큰돈이었다. 이 순간 방청석에 와 있는 엄마와 아빠, 형과 누나의 눈동자가 모두 나를 향하고 있었다. 그 돈이면 디지털카메라도 사고 휴대폰도 바꾸고 인터넷 서점 장바구니 속의 책들도 모두 사리라. 그러면 거기서 나오는 적립금으로 또 몇 권은 더 살 수 있을 것이다.

"네."

"어떠세요? 자신 있으세요?"

사회자가 싱글거리며, 그러나 어딘가 야비한 표정으로 나를 바라보았다. 방청객들도 숨을 죽였다. 그런데 그때까지 고개를 숙이고 있던 은이가 천천히 고개를 들었다. 은이와 나의 눈이 마주쳤다. 은이는 담담한 얼굴이었다. 그런데 그 순간 내 머릿속엔 정답 대신 은이가 겪은 그 비극적인 사건이 갑자기 떠올랐다. 문득 궁금했다. 아, 은이는 어떻게 그 일을 겪고도 지금 저렇게 태연하게 저 자리에 서 있을 수 있는 것일까?

"자, 정답 말씀해주시죠."

사회자가 채근하자 그제야 나는 황급히 정신을 수습했다. 그런데 조금 전까지 분명히 안다고 믿었던 정답이, 마치 어지러운 가방 깊숙한 곳의 작은 동전처럼, 잡힐 듯 잡힐 듯하면서 명쾌하게 잡히지 않았다. 필사적으로 정신을 가다듬은 후에야 빅터라는 이름까지만 겨우 생각해낼 수 있었다. 분명히 성까지 알고 있었는데, 성도 그렇게 어려운 성은 아니고, 꽤 흔한 성이었는데, 유대인 특유의 성도 아니고, 유럽에는 정말 흔한 성이었던 것 같은데, 프, 프, 프…… 그러자 더 혼란스러워졌다. 내 머릿속엔 유럽의 흔한 성 수십 개가 한꺼번에 떠오르기 시작했다. 프리드만? 프로이트? 프랭클린?

"오 초 드리겠습니다. 5, 4……"

나는 절망적으로 눈을 질끈 감았다가 눈을 떴다. 은이는 여전히 무심한 얼굴로 내 눈을 뚫어져라 쳐다보고 있었다.

"……1."

나는 다시 버튼을 눌렀다. 힘없는 삐이익.

"정답은…… 빅터…… 프리드만입니다."

아무래도 자신이 없었다. 사회자는 관습적인 상기된 표정으로 내 대답을 따라했다.

"빅터 프리드만……?"

둥둥둥둥. 효과음이 들려오더니 전혀 다른 방향에서 땡, 소리가 났다. 사회자가 (나만 그렇게 느꼈는지는 모르겠지만 신이 나서) 소리쳤다.

"아닙니다. 안타깝습니다. 자, 기회는 조은이씨에게로 넘어갑니다. 조은이씨가 만약 정답을 못 맞히시면 기회는 다시 한번 정동국씨에게로 돌아갑니다. 자, 정답은?"

은이는 버튼도 누르지 않은 채 마이크에 입을 가까이 대고 말했다.

"빅터 프랭클입니다."

아, 그거였다. 나는 고개를 숙였다. 은이가 이겼다. 그러나 어쩐지 이것이 정의인 것만 같았다.

"빅터 프랭클? 정답입니다!"

스튜디오에 요란한 축하의 음악 소리가 울려퍼졌다. 방청객들이 박수를 쳤다. 나도 박수를 치며 은이를 축하해주었다. 사회자가 은이에게 물었다.

"상금 이천만원 중에서 천만원은 불우이웃돕기에 쓰이는 것 알고 계시죠? 그럼 나머지 상금, 어디에 쓰실 계획이신가요? 부모님과 함께 이번 여름 어디 여행이라도 다녀오실 건가요?"

은이는 입술을 꾹 다물고 아무 대답도 하지 않았다. 사회자가 이어폰으로 PD의 지시를 받더니 다시 물었다.

"자, 우승 상금은 어디에 쓰실 계획이세요?"

은이는 인상을 살짝 찌푸리며 말했다.

"여름옷을 몇 벌 사 입을까 합니다."

사회자가 당황스런 표정으로 뒤를 돌아보았다. 카메라들의 불이 꺼지고 방청객들이 수런거렸다. 무전기를 든 PD가 은이에게 다가갔다.

"무슨 불만 있으세요?"

"아뇨."

"아니, 방송에서 그러시면 어떡합니까? 그냥, 글쎄요, 아직 잘 모르겠어요, 아니면, 부모님께 드리겠습니다, 정도로 끝내시면 되잖아요?"

"알았어요. 그렇게 해도 되는 줄 몰랐어요. 죄송해요."

PD는 은이의 수긍이 어딘가 석연찮은 듯 입을 달싹거리다가 고개를 저으며 원래의 자리로 복귀했다.

카메라가 돌아가고 사회자가 다시 묻자 은이는 차가운 얼굴로, "글쎄요, 아직 잘 모르겠어요"라고 답했다. 사회자는 서둘러 "네, 우승까지는 미처 생각 못 하신 모양이군요. 어쨌든 조은이씨 축하드리구요, 오늘 여기서 저희는 이만 물러가겠습니다. 시청자 여러분, 안녕히 계십시오"라고 마무리를 했다.

박수소리와 함께 녹화는 끝났다. 부모님과 형, 누나가 다가와 나를 위로했다. 엄마는 계속 은이를 힐끔거렸다. 은이는 엄마를 보았을 텐데도 가까이 와서 인사하거나 하지 않았다

"내가 한번 가볼까? 그래도 오랜만인데……"

아빠가 엄마를 만류했다. 형과 누나도 은이한테 차마 다가가지 못한 채 멀리서 사람들에 둘러싸인 은이만 훔쳐보다가 결국 스튜디오를 떠났다.

"상금 그거 너무 아까워 마라. 요즘 천만원이 돈이냐."

아빠가 호기롭게 말했지만 나는 사실 천만원이라는 액수가 잘 실감이 나질 않았다.

"엄마가 고기 재놨으니깐 대충 마무리하고 얼른 집으로 와."

"네, 알았어요."

"지금 가면 되는 거 아니냐?"

아빠가 주위를 둘러보았다.

"아까 보니까 무슨 출연료 어쩌고 하던데요. 뭘 적어줘야 되나봐요."

"아빠, 우리 먼저 가요."

남자친구와의 주말을 날려버린 누나는 뾰로통한 얼굴로 아빠의 팔을 잡아끌었다. 결국 나만 남겨둔 채 온 가족이 퇴장했다. 결국 은이와 우리 가족들의 재회는 이루어지지 않았다. 나는 쭈

뻣거리며 은이에게 다가갔다. 은이는 방송작가에게 계좌번호와 주소, 주민번호 따위를 적어주고 있었다. 방송작가는 소득세가 어쩌고 하는 설명을 해주고 있었지만 은이는 별 관심 없는 표정이었다.

"은이야."

그녀가 고개를 들었다.

"동국아."

"나 기억해?"

"그럼."

"난 또……"

"아까는 퀴즈에 방해될까봐 일부러 모른 척했던 거야."

"그렇구나. 참, 축하해."

방송작가가 눈을 둥그렇게 뜨고 둘을 번갈아 바라보며 물었다.

"두 분이 아는 사이세요?"

"중학교 동창이에요."

"아, 그러세요? 근데 왜 진작 얘기 안 하셨어요?"

작가가 호들갑을 떨었다.

"저희도 여기 와서야……"

"아, 예선 때 서로 못 보셨구나."

은이와 나는 함께 스튜디오를 빠져나왔다. 방송국의 복도는 미로 같았다. 나는 태연한 척하면서도 눈으로는 열심히 로비로 나가는 출구를 찾았다. 그러나 은이는 별로 말이 없었다. 결국 지나가는 사람의 도움을 받아 겨우 로비로 나올 수 있었다. 우리는 입구에서 출입증을 반납하고 신분증을 돌려받았다.

"너 어디 사니?"

은이가 물었다.

"나? 응, 나는 저 홍제동 쪽에. 너는?"

"목동."

"여의도에서 가깝겠구나."

"응."

우리는 정문 앞에서 어색하게 서서 인사를 나누었다.

"잘 가."

은이는 돌아서서 정차해 있는 택시로 걸어갔다. 나는 망설이다가 은이를 불러세웠다.

"은이야."

"왜?"

은이가 돌아보며 물었다.

"혹시 배 안 고프니?"

은이가 빤히 내 얼굴을 쳐다보았다.

"배?"

"응, 어디 가서 밥이나 같이 먹지 않을래?"

"그럴까?"

은이는 선뜻 제의를 받아들였다.

"난 여기 잘 몰라. 밖에 통 나오질 않아서……"

"요기 강 건너 홍대 쪽에 가서 먹을래?"

"나야 뭐, 아무거나 좋아."

우리는 택시를 타고 홍대 앞 퓨전 일식집에 가서 초밥과 우동을 먹었다. 밥값은 상금을 탄 은이가 냈다. 우리는 맥주를 몇 잔 마시고 헤어졌다. 누가 먼저 말을 꺼냈는지는 모르겠지만 여하튼 다시 만날 약속을 했다.

2

방송에 출연한 후, 나는 일생에 걸쳐 받을 전화를 며칠 사이에 다 받았다. 초등학교부터 고등학교 때까지 거의 모든 동창들, 이름도 기억할 수 없는 멀고먼 친척, 같은 과의 친구들까지, 쉴새없이 전화가 걸려왔다. 유명인이 된다는 게 어떤 것일지 새삼 실감이 났다. 사람들은 내가 날려버린 이천만원(실은 천만원이었는데도)을 나보다 더 아까워했다. "빅터 프랭클만 맞혔어도!" 사람들은 빅터 프랭클을 마치 미국의 영화배우 이름이나 되는 것처럼 불러댔다. 나는 조금 미안한 마음에 도서관에 가 빅터 프랭클의 책을 빌려 읽기도 했다.

그런데 은이와 나를 다 알고 있는 중학교 동창들은 빅터 프랭클보다 은이에게 더 관심이 있었다. 그들은 크게 두 부류로 나뉘어 있었다. 하나는 중학교를 졸업한 이래로 은이에 대한 소식을 전혀 모르고 있다가 이번에 알게 된 사람들이었다. 멀쩡하더라. 그동안 어떻게 지냈다니? 예뻐졌더라. 같이 술 한잔했니? 걔 지금 누구랑 산대? 외국 간 거 아니었대? 나는 은이에게 직접 물어보라고 권했지만 그렇게 하겠다는 사람은 아무도 없었다. 두 번째 부류는 은이와 느슨하게나마 인간관계를 이어오던, 그러나 나와는 소원하던 그룹이었다. 그들은 처음에는 이런저런 따분한 소리들을 지껄이다가 곧 본론으로 들어갔다. 그들은 하나같이 은이를 조심하라고 경고했다.

"왜?"

"사이코야."

"어떻게 사이콘데?"

"만나자고 문자를 쳐. 외국에서 들어왔다는 거야. 그래서 약속 잡으면 만나기 직전에 또 문자가 와. 갑자기 무슨 사정이 있어서 안 된다는 거야. 뭐 그럴 수도 있지. 그런데 갑자기, 외국 나가기 전에 꼭 보고 싶다는 거야. 그래서 부랴부랴 시간을 내서 나가면 안 나와 있어. 전화해보면 전화가 안 돼. 문자는 씹고. 그러다 며칠 후에는 메신저로 연락이 와. 못 만나고 나오게 돼서 미안하대. 휴대폰도 잃어버리고 컴퓨터는 고장나고 여권 기한도 다 돼 정신이 없었다는 거야. 그러다 또 몇 달 지나면 이번에 한국 들어가니까 만나자는 거야. 에라, 모르겠다, 속는 셈 치자, 마음을 먹고 들어오면 연락하라 하면, 또 꿩 구워 먹은 소

214

식이야. 도대체 뭐냐?"

대학교 일학년때 은이와 함께 교양과목을 들었다는 여자애는
또 이런 얘기를 전해주었다.

"조를 짜서 발표를 하잖아? 그럼 은이도 뭘 맡을 거 아냐? 자
료조사를 한다거나, 아니면 취재를 해온다거나. 근데 처음에 기
획할 때는 말도 잘하고, 걔가 잡학박사잖아, 이런저런 가이드라
인도 잡고. 그래서 애들이 뭘 많이 시키면 군말 없이 받아들이
가. 그러곤 안 나타나. 사람 환장하는 거야. 나는 걔랑 중학교
동창이란 이유로 죄도 없이 걔 찾으러 다니고. 내가 무슨 개 시
녀야, 뭐야? 문자 치고 전화하고 이리저리 수소문하고, 그래서
겨우 찾아내면 뭐라는 줄 알아? 뭘 그렇게 호들갑이냐는 거야,
별것도 아닌 걸로. 막상 발표날엔 안 나타나. 나중에 물어보면
아팠대. 애당초 뭘 맡지를 말든지."

남자관계와 얽힌 소문도 많았다.

"영어강사하는 캐나다 남자랑 산대."

"고등학교 중퇴한 남자애를 데리고 산다던데?"

"내가 듣기론 유부남하고 사귀다더라."

좀더 구체적인 소문은 이랬다.

"원래는 KTX 안전점검하러 온 프랑스 사람하고 살다가 그 남
자가 돌아간 뒤엔 프랑스 와인 수입하는 회사의 이사, 근데 특
이하게도 그 사람은 호주 사람이래, 하여간 그 사람하고 그렇고
그런 사이였어. 잠깐 연하의 남자애도 하나 만나는 것 같은데,

지금은 어떻게 됐는지 모르겠다."

　고작 스물네 살의 여자애가 불러일으켰다고는 믿기 어려울 정
도의 엄청난 소문들이 메뚜기떼처럼 내게 몰려왔다. 그들이 말
한 바대로라면 인간성도 나쁘고 남자관계도 복잡하고 무책임한
데다가 내숭 그 자체인 여자애를 나는 왜 좋아하고 있는 것일
까. 나는 망설이고 망설이다가 그녀에게 전화를 걸었다. 통화는
잘 되지 않았다. 친구들이 해준 말들이 자꾸 떠올랐다. 나는 문
자를 쳤다. 그러나 답장이 오지 않았다. 온갖 상상들에 사로잡혀
나는 밤잠을 이루지 못했다. 상상 속에서 그녀는 가슴털이 북숭
북숭한 서양 남자의 품에 안겨 열락의 환성을 지르고 있거나 어
린 남자를 얼러가며 오럴섹스를 하고 있었다.

3

　소문과 달리 은이는 나와의 약속을 지켰다. 대담한 연두색 스
커트에 프릴 달린 흰 블라우스를 입고 나왔는데 방송 때보다도
훨씬 예뻤다. 나는 처음보다 더 긴장되었다. 우리는 여느 남녀들
과는 좀 다른 대화를 나누며 술을 마셨다. 남들은 전혀 관심이 없
을 시시콜콜한 시사 문제나 역사, 지리나 책 이름 따위를 안주로
삼았다. 이런 잡학에 관심이 없는 분들은 잘 이해를 못 하시겠지
만 이 세계 안에 사는 사람들에게는 이것만큼 재밌는 게 없다.

"이 작가."

은이가 이렇게 시작하면 나는 눈을 동그랗게 뜨고 보이지 않는 가상의 버튼을 누를 준비를 했다.

"공군 장교로 2차 세계대전에 참전했어."

"삐. 생텍쥐페리."

"땡. 힌트 계속 나간다. 『유럽의 교육』 『새벽의 약속』."

"모르겠는데. 힌트 고."

"공쿠르 상도 받았어."

"프랑스 작가 맞는데."

"에밀 아자르란 필명으로 공쿠르 상 한번 더 받았어."

"힌트 고."

"결정적 힌트. 『새들은 페루에 가서 죽다』."

"로맹 가리."

"딩동댕."

그럼 내가 배턴을 이어받아 퀴즈를 낸다.

"이 도시."

"도시 좋아."

은이가 눈을 빛냈다.

"유네스코 세계문화유산에 등재돼 있어."

"오래된 도시구나. 힌트 고."

"아드리아 해에 면해 있고."

"그럼 이탈리아 도시야? 힌트 고."

"크로아티아의 대표적인 관광도신데……"

"삐. 두브로브니크."

"딩동댕."

우리는 건배를 했다. 이런 사설 퀴즈쇼에는 어떤 나르시시즘이 있다. 상대방이 문제를 잘 맞히면 내 기분이 좋아지고 내가 문제를 잘 맞혀도 상대방이 좋아한다. 왜냐하면 그렇게 서로 문제를 주고받을 수 있다는 것부터가 양자가 동등한 수준임을 보여주는 것이니까. 예를 들어 은이가 두브로브니크라는 도시를 맞힌 것은 대단하지만 그건 우선 출제자인 내가 그 도시를 알고 있어야 가능한 일이다. 그리고 나는 두브로브니크란 도시가 유네스코 세계문화유산인 것도 알아야 하고 아드리아 해에 면해 있다는 것도 잊지 않고 있어야 한다.

"소양강댐."

은이의 말에 나는 눈을 크게 떴다.

"어? 퀴즈야?"

"아니. 얼마 전 소양강댐이 수문을 열었는데, 봤냐구."

"아니."

"2003년 8월 태풍 매미 이후 삼 년 만이었대. 장관이었어. 텔레비전에서 봤어."

내 머릿속에도 떠오르는 정보가 있었다.

"73년인가에 완공되고 지금까지 수문을 연 게 서른세 번밖에 없대."

218

은이는 눈을 가늘게 뜨며 미소를 지었다. 나는 궁금증을 참지 못하고 물었다.

"근데 그 얘긴 왜?"

"너 여자랑 처음 잔 게 언제야?"

"글쎄……"

"혹시 2003년쯤 아니야? 혹시 그때 해보고 지금껏 못 해본 거 아니야? 소양강댐처럼?"

"무슨 소리야?"

나는 발끈했지만 되짚어보니 의외로 그럴 수도 있겠다는 생각에 섬뜩했다. 2003년에 나는 스물한 살이었고 처음으로 사귄 여자애와 강릉으로 놀러갔던 기억이 났다. 그럼 그게 첫번째였단 말인가?

"아니야?"

은이가 빙글빙글 웃고 있었다. 그때 사귀던 여자가 은이를 알 리는 없었다.

"……아닌 것 같은데."

"그래?"

그러다 문득, 까짓 그렇다고 인정해봐야 밑질 게 뭐냐는 생각이 들었다. 어쩌면 좋은 일이 있을 수도 있잖아?

"사실 맞는 것 같기도 해."

"그렇지? 그렇지?"

은이가 펄쩍펄쩍 뛰며 좋아했다. 퀴즈쇼에서 우승했을 때보다 더 좋아하는 것 같았다.

"뭘 그렇게 좋아해?"

"내가 맞혔잖아. 어쩐지 너 꼭 그럴 것 같았어."

기분이 나빠졌다.

"근데 그건 왜 물어봤어?"

"그냥 날 보는 눈길이 좀 끈적끈적해서."

"내가 그랬니?"

"응."

그녀는 얼마 남지 않은 맥주를 들이켜며 눈을 흘겼다.

"너, 내가 누군지 알면서도 욕망이 생겨?"

"그게 무슨 소리야? 넌 예쁘고……"

"무섭지 않아?"

"왜 무서워? 너야 그냥 피해자일 뿐인데……"

"하여간 알았어. 니 성욕은 인정해줄게. 삼 년이나 못 했으니 오죽하겠어? 근데 너 같은 남자 요즘 한둘이 아니래."

"일본에서도 『전차남』인가 하는 책이 화제가 됐잖아. 십 년, 아니 이십 년씩 여자와 데이트 한 번 못 해본 남자들이 수두룩 하대, 일본에도."

"그렇다면서? 〈마흔 살까지 못 해본 남자〉라는 영화도 있잖아."

은이는 오른손 검지손가락으로 내 콧등을 살짝 건드리며 말했다.

"너랑은 참 얘기가 잘 통하는 것 같아."

"우리가 퀴즈광이잖아."

은이가 갑자기 핸드백에서 노트를 꺼냈다. 노트 갈피 속에는 A4용지 한 장이 반으로 접혀 들어 있었다. 은이는 그걸 펼쳐 들이밀었다.

"한번 해봐."

"이게 뭔데?"

"제목은 '해봤어?'야. OX로 표시해. 서로를 좀 알 필요가 있잖아."

나는 볼펜을 꺼내들고 표시를 해나가기 시작했다.

해봤어?		
러브레터 받음 ×	은행 대출 ×	입원 ×
수술 ×	혼자 불고기 ×	골절 ○
선거 투표 ○	혼자 여행 ○	헌혈 ○
개, 고양이 양육 ○	이베이 ○	실신 ×
유체이탈 ×	바둑 ×	결혼 ×
전생의 기억 ×	장기 ○	이혼 ×
요가 ×	벌에 쏘이다 ×	샤브샤브 ○
O/S 재설치 ○	사격 ○	식용 달팽이 ○
선생님에게 맞기 ×	번지점프 ×	도둑 ○
복도에 서 있는 벌 받기 ×	스카이다이빙 ×	여자를 때림 ×
임산부에게 자리 양보 ○	스쿠버다이빙 ×	남자를 때림 ○

남의 아이 꾸짖기 ×	시험 ○	취직 ○
코스프레 ×	십만원 이상 복권 당첨 ×	해고 ×
동거 ×	마약 ×	전직 ×
이 미터 이상에서 추락 ×	사랑니 ×	아르바이트 ○
거지 ×	국제전화 ○	해외여행 ○
학급위원 ○	백 명 앞에서 연설 ×	기타 ○
문신 ×	남장 혹은 여장 ×	피아노 ○
헌팅 ×	시사회 ○	바이올린 ×
역헌팅 ×	스포츠신문 ○	안경 ○
몽고반점 ×	전학 ○	렌즈 ×
비행기 ○	영어회화 강좌 수강 ○	오페라 감상 ○
디즈니랜드 ×	테니스 ×	텔레비전 출연 ○
독신 ○	승마 ×	경마 ×
스키 ×	격투기 ×	럭비 ×
스노보드 ×	유치장 ×	라이브 출연 ×
서핑 ×	형무소 ×	미팅 ○
고백 ○	원거리 연애 ×	만화방 ○
동성으로부터의 고백 ×	설탕, 소금 착각 ○	게임방 ○
중퇴 ×	양다리 ×	유화 ×
재수생 ×	수혈 ×	에스컬레이터 역주행 ○
흡연 ×	실연 ○	풀코스 마라톤 ×
금연 ×	신문에 사진이 실리다 ×	자동차 운전 ×
필름 끊김 ×	골프 ×	오토바이 운전 ○
음주운전 ×	배낚시 ×	십 킬로그램 이상 감량 ×
결혼식 참가 ○	오십만원 이상 빌려주기 ×	교통사고 ×

장례식 조문 ×	버려진 개, 고양이를 줍기 ×	전철 틈새에 추락 ×
부모님 사망 ×	가정교사를 하다 ○	세뱃돈을 주다 ×
상주 노릇 ×	표창 받기 ×	도스토옙스키
빚보증 ×	노인에게 자리 양보 ○	괴테 ×
유령 체험 ○	총격당함 ×	십만원 이상 줍다 ×
UFO 발견 ○	범죄자 검거 ×	십만원 이상 잃어버리다 ○
교사 구타 ×	케익 굽기 ×	머리 염색 ×
부모 구타 ×	비틀스 ○	귀고리 ×
오백만원 이상 쇼핑 ×	흉터 ○	사이트 운영 ×
식중독 ×	장난전화 ○	컴퓨터 바이러스 감염 ○
경찰차 타기 ×	경찰의 방문 ○	구급차 ×
밤 열차 ○	치마 들추기 ○	의사놀이
룸서비스 ×	화장실에 갇히다 ×	조난 ×
사기당함 ×	재판 ×	호출기 ○
노래방 혼자 가기 ×		

은이는 내가 체크한 항목들을 유심히 보더니 말했다.

"넌 지금껏 한 게 없구나."

하고 보니 나도 좀 한심했다. 고작 "치마 들추기" 같은 것에나 동그라미를 치다니.

"그러네."

"운도 좋고."

은이는 진심으로 나를 부러워하는 것 같았다. 나는 머리를 긁적였다.

"이거 니가 만든 거니?"

"아아니. 이걸 왜 만들고 있어? 인터넷에서 찾은 거야. 재밌지?"

은이는 내가 체크한 설문지를 다시 접어 핸드백에 집어넣고 예쁜 장지갑을 꺼냈다. 지갑 속엔 이러저러한 다양한 카드가 나란히 꽂혀 있었다.

"계산은 내가 할게."

"아니야, 내가……"

"상금도 많이 남았는데 뭘. 어차피 돈 쓸 데도 없어."

나는 굳이 말리지 않았다. 은이는 계산하러 가며 지나가는 말처럼 "언제, 우리 집에 한번 놀러와"라고 말했다.

"정말?"

"싫음 말구."

은이는 택시를 타고 가버렸다. 같이 타려고 했지만 은이는 손사래를 치며 혼자 가버렸다.

"전화해."

밤거리엔 수많은 연인들이 서로 어울려 쏘다니고 있었다. 외로운 다목적댐만 거리에 남겨졌다. 나는 터덜터덜 집으로 돌아가 인터넷 채팅룸에 들어가 퀴즈동호회 회원들과 밤새 퀴즈를 주고받았다. 그러다보니 어느새 새벽이었다. 피부에 비늘이 돋는 기분이었다. 마른세수를 하니 내 얼굴이 마치 남의 얼굴처럼 느껴졌다.

4

일산 시절, 은이와 나는 같은 동네에 살았다. 은이가 그 동네를 떠난 후에도 한동안 우리는 정발산 아래, 단독주택지구에 남아 있었다. 은이네 엄마와 우리 엄마는 같은 테니스클럽 회원이어서 꽤 친한 사이였다. 깡마른 우리 엄마와 달리 은이 엄마는 건강미가 물씬 풍기는 미인이었다. 테니스를 하도 열심히 쳐 팔꿈치에 문제가 생긴 뒤로는 수영장에 다니기 시작했지만 그래도 우리 엄마와는 계속 너나들이를 하며 어울려다녔다. 은이 엄마는 또 이런저런 봉사활동에도 관심이 많았다. 일주일에 두 번 일산 지역 여성들과 함께 결식아동을 돕는 자원봉사를 했다.

그 시절 우리 엄마는 일종의 소리바다나 냅스터 같은 존재였다. 수많은 소문들이 우리 엄마를 통해 퍼져나갔다. 소리바다의 개발자는 법정에서 "자신은 음악파일의 공유만 도왔을 뿐 저작권을 침해한 바 없다. 침해한 사람들은 내가 아니라 사용자들이다"라고 항변했다던데, 엄마가 딱 그 짝이었다. 엄마는 이야기를 증폭시키거나 날조하지는 않았지만 최초 발신자가 원치 않는 방향으로 '통과'시키곤 했다. 나중에 문제가 생겨도 교묘하게 빠져나가는 데 일가견이 있었다. "왜 그 이야기를 했느냐"고 누군가 따지면, "벌써 알고 물어보던데, 뭐"라며 방어했고 "아니, 그 이야기 도대체 어디서 들었냐?"고 캐물으면 "글쎄, 내가 원체 정신이 없어서"라고 둘러댔다. 어쨌든 하루 종일 전화통을 붙잡고 있는 엄마 덕분에 나는 엄마 주변에서 일어나는 거의 모든 일을 시시콜콜 알게 될 수밖에 없었다.

그 시절 우리 집을 드나들던 아줌마들이 한둘은 아니었지만 그중에서도 은이 엄마는 단연 발군이었다. 테니스를 치던 시절에는 방금 샤워를 마친 발그레한 얼굴로 짧은 반바지에 가슴이 깊게 파인 셔츠를 입고 우리 집에 들러 엄마와 함께 오렌지주스를 마시곤 했는데, 방심한 듯 꼰 갈색 다리가 정말이지 고혹적이어서 나는 그 앞에선 오금도 한번 제대로 펴보지 못했다. 그에 비하면 딸인 은이는 아직 풋내 나는 어린애에 불과했다.

은이 아빠는, 은이 엄마 말에 의하면 매사에 빈틈이 없는 사람이었다. 은이 엄마는 누누이 자기 남편이 '매사에 빈틈이 없다'는 점을 강조하곤 했다. 좋은 대학을 나와서 비교적 젊은 나이에 서울에 있는 대학에 자리를 잡았고, 살아오면서 크게 좌절하거나 어려움을 겪은 일도 없다고 했다. 둘의 연애마저도 순조로웠다고 한다. 대학 때부터 만나오다가 은이 아빠가 박사과정에 들어가자마자 식을 올렸고 곧바로 아이 둘을 낳았다. 첫째가 은이였고 둘째가 남동생인 정수였다. 은이 할아버지가 심근경색으로 갑자기 돌아가신 후에 은이 아빠는 즐기던 술과 담배를 한번에 끊었다고 했다. "명이 짧은 집안이잖니." 우리 엄마는 그렇게 짧게 논평을 했다. 나중에 그 논평은 불길한 아이러니가 되어 내 뇌리에 오래도록 남았다. 어쨌든 그후로 은이 아빠는 사람이 많이 달라져 주말농장도 분양받고 틈만 나면 가족들을 데리고 가 손수 무농약 야채를 재배해 먹었다. 은이 엄마는 곧잘 거기서 거둔 당근이며 호박 같은 것을 들고 오곤 했다. 그뿐이 아니었다. 대학에 가지 않는 날이면 붉은색 바이크복을 차려입고 근사한 산악자전거를 타고 정발산을 올랐다.

은이가 열한 살 때에는 온 가족이 미국 필라델피아에 가서 살다가 돌아오기도 했다. 은이 아빠가 그곳에 방문교수로 가 있었기 때문이었다. 은이 엄마 말로는, 돌아오지 않겠다는 은이를 아빠가 거의 끌고 오다시피 했다고 한다. 은이 아빠의 지론은 "가족은 함께 있어야 가족이다"라는 거였다. 조기유학이니 기러기 아빠니 하는 말들이 막 생겨날 때였는데 은이 아빠는 그런 말에 별로 흔들리지 않았다. 은이 아빠는 학위도 한국에서 받았고 필라델피아에 가기 전까지는 미국에 가본 적도 없는 사람이었는데, 이상하게 입만 열면 미국 사람처럼 말하는 버릇이 있었다. 툭하면 애들을 앉혀놓고 "여기는 내 집이고 그러니 너희들은 내 규칙을 따라야 한다"고 말한다며, 우리 엄마는 큰 소리로 아빠들으라는 듯, 그게 도대체 말이 되냐는 듯 요란하게 웃어댔다. 무슨 일 때문인가 기억은 잘 나지 않지만, 아마 학교 일이었겠지만, 나도 한번은 은이네 집에 전화를 걸어 은이를 찾았다가 봉변을 당한 일이 있었다. 전화를 받은 사람은 은이 아빠였는데, 거기 은이네 집이죠, 라고 묻는 내게, 아니, 여기는 내 집이고 은이는 내 딸이야, 라고 대답해 무안을 주었다.

은이네 집이나 우리 집 모두, 그냥 지나가는 뜨내기들에게는 근사해 보였겠지만 막상 동네 안으로 들어와서 살펴보면 밖에서 보는 것과 많이 달랐다. 처음, 토지공사에게서 택지를 분양받은 주민들 모두는 아마 최선을 다해 남다른 집을 설계하고자 했을 것이다. 그들은 남들이 모두 신도시의 아파트를 분양받겠다고 몰려갈 때 의연하게 단독주택을 지을 생각을 했던, 약간은 남다른, 혹은 남다르기 위해 노력한 사람들이었다. 그런데 다 짓고 보니 이상하게 모든 집이 서로 비슷해져버렸다. 그냥 시트콤에 나오는 그렇고 그런 예쁜 집들에 지나지 않았다. 가보지는 않았지만 미국 대도시 교외의 집들을 닮았다고들 했다. 담은 흰 베니어판을 다듬어 낮게 세워 개들도 뛰어넘을 수 있을 정도였고 정원을 손질하는 이웃들끼리 얼굴을 마주하며 이런저런 수다를 떨 수 있었다. 그러나 남자들은 대부분 밤늦게나 돼야 집에 들어오고 주말에는 소파에 누워 리모컨만 들고 있었기 때문에 실제로 그렇게 정원에서 얼굴을 마주칠 일은 거의 없었다. 주부들도 낮에는 나름대로 바빠 한가롭게 집에 남아 있는 여자는 거의 없었다. 여자들은 아이들 학교 보내고 나면 운동을 하거나 수영을 했다. 그게 끝나면 점심은 친구들과 만나 밖에서 먹고 오후엔 뭘 배우거나 봉사활동을 하다가 아이들과 남편이 돌아올 시간이 거의 다 돼서야 집에 들어오곤 했다. 오직 은이 아빠만이 미국의 중산층 백인처럼 생활했다. 일찍 집에 들어와 잔디도 깎고 아이들과 원반던지기도 했으며 멋진 헬멧을 쓰고 자전거를 탔다. 아이들의 귀가시간도 엄격하게 통제했고 자신도 일찍 집

228

에 들어와 아이들과 시간을 보냈다.

은이 동생인 정수는 어렸을 적 가벼운 자폐증세가 있었다. '매사에 빈틈이 없'는 은이 아빠로선 어찌할 바를 몰랐을 것이다. 자폐아를 키운다는 건 계획에 없었으니까. 교수도 빨리 되고 결혼도 잘 하고 집도 멋지게 지은 분이셨지만 자폐아를 어떻게 다뤄야 할지에 대해선 한 번도 생각해본 적이 없었을 것이다. 그러나 역시 '매사에 빈틈이 없'는 분답게 그 문제에 정면으로 달려들었다. 은이 아빠는 아내를 다독여가며 정수를 최고의 의사에게 데리고 가 치료를 맡겼을 뿐 아니라 틈나는 대로 해외 학술지에 실리는 자폐에 대한 논문을 찾아 읽었다. 그리고 주치의와 토론을 벌이며 정수의 치료에 심혈을 기울였다. "말도 마세요. 지금도 그때 생각만 하면……" 은이 엄마는 자랑인지 푸념인지를 하며 고개를 저었다. "하여간 지독한 양반이라니까요. 담배하고 술 끊은 것 좀 보세요. 그러다 어느 날 갑자기 자기 마누라는 확 안 갖다버리나 몰라. 호호." 아줌마들은 재밌는 농담이라도 들은 것처럼 자지러졌지만 나는 그게 왜 웃긴 건지 도무지 알 수가 없었다. 어쨌든 정수는 초등학교에 들어갈 무렵에는 주의 깊은 전문가가 아니면 병력을 눈치채지 못할 정도로 증세가 호전되었다. 그리고 학년이 올라갈수록 수학에 뛰어난 재능을 보였다. 전국 수학경시대회에서 거듭 입상까지 하면서 학교에선 꽤 유명한 아이가 되어갔다. 그렇게 되자 사소한 자폐증세는 곧 묻혀버렸고 선생들의 세심한 배려를 받게 되었다.

자폐라는 까다로운 병을 극복해낸 은이네 집은 더욱 화목해 보였다. 어떤 행복한 집에서도 문제를 찾아내고야 마는 우리 엄마도 은이네 집에 대해서만은 '남편이 좀 꽉 막혔다더라' 이상을 발견하지 못했다. 은이네 집은 자연히 엄마의 '소리바다'에서 점점 사라졌고 그에 따라 동네의 관심에서도 조금씩 멀어져갔다. 동네에는 그 집 말고도 불행한(그래서 재밌는) 집들이 널려 있었다. 남편이 바람을 피운다거나 부인이 자살을 기도했다거나 빚보증을 잘못 서 거덜이 났다거나 하는 일들이 심심찮게 일어났기 때문에 엄마로선 그런 중대사건만 중계하는 데에도 하루 스물네 시간이 모자랐다.

그러나 동네의 이 모든 자잘하고 흥미로운 불행은 어느 초저녁 한 남자의 출현으로 일제히 가슴을 쓸어내리는 놀라운 행운으로 변해버렸다. 그는 낡은 엘란트라에서 내려 트렁크를 연 뒤 장비를 챙겼다. 그리고 뚜벅뚜벅 걸어 거실에 불이 환하게 켜진 은이네 집으로 향했다. 그날 나는 집에서 MBC 일일연속극 〈보고 또 보고〉를 보고 있었다. 당시 시청률 1위를 달리고 있던 프로여서 아마 동네의 거의 모든 집이 이 프로그램을 보고 있었을 것이다. 남자는 부엌 뒤 다용도실 쪽 방범창을 장도리로 뜯고 안으로 들어갔다. 은이 아빠는 빈틈없는 사람이었으니 문단속도 잘 했을 터이지만 그런 식으로 침입한다면 막을 도리가 없었을 것이다. 인간은 타인에 대해 잘 모른다. 그저 자기 같을 거라고만 생각한다. 은이 아빠는 설마 도둑놈이 온다 해도 그렇게 무식하게 뚫고 들어오겠는가 생각하셨겠으나 세상에는 다양한 인간들이 있지 않은가. 남자는 집으로 들어가자마자 대담하게 가족들이 모여 텔레비전을 보고 있는 거실로 걸어갔다. 그리고 벌떡 일어나 달려오던 은이 아빠의 머리를 장도리로 후려쳐 쓰러뜨렸다. 그러고는 그날따라 살짝 선잠이 들어 있던 은이 엄마를 끌어내 역시 장도리로 뒤통수를 때렸다고 한다. 살인자는 내처 이층으로 올라가 잠들어 있던 정수를 목졸라 죽였다. 그리고 다시 내려와 아직 숨이 붙어 있던 은이 부모님을 절명시켰다.

엄마는 이 모든 상황을 마치 눈앞에서 본 것처럼 선하게 그려냈다. 정말 그쪽으로는 재능이 있는 분이었다. 나중에는 정말 자신이 마치 이 모든 것을 목격했다고 믿는 것 같았다. 사건 이후 걸려온 수백 통의 전화에 엄마는 지루한 줄도 모르고 떠들어댔고 이야기는 점점 더 정교해져갔다.

그 남자는 불과 십 분도 안 되는 시간 동안 세 사람을 살해했다. 그리고 거실에 앉아 글렌피딕인가 하는 술을 냉장고에서 꺼낸 육포와 땅콩을 곁들여 얼음을 타 마셨다. 그리고 무슨 이유에선지 집 안의 모든 거울을 옷과 천으로 가려놓았다. 옷이 자꾸 흘러내리니까 누런 포장용 테이프로 붙여놓기까지 했다. 그리고 그는 집을 떠났다.

다음날 오전 제주도의 영어캠프에서 돌아온 은이가 열쇠로 현관문을 따고 들어올 때까지 이웃들 중 누구도 그런 끔찍한 사건이 벌어진 걸 몰랐다. 은이만이 집에 오는 내내 아무도 전화를 받지 않아 불길한 예감을 받았었노라고, 경찰에서 얘기했다고 한다. 현관문을 열고 들어간 은이는 안방 입구에 피를 흘린 채 쓰러져 있는 엄마를 보고 너무 놀라 밖으로 뛰쳐나온 후, 부들부들 떨며 주머니 속에서 휴대폰을 꺼냈다. 그리고 단축번호를 눌러 (아, 은이를 어리석다고 비난해서는 안 된다) 자기 엄마에게 전화를 걸었다. 당연한 얘기지만, 은이 엄마는 전화를 받을 수 있는 상황이 아니었다. 집 안에서 휴대폰 벨소리가 끈질기게 들려왔다. 은이는 그제야 119로 전화를 걸었다. 119는 경찰에게 연락했고 결국 경찰과 소방관이 앞서거니 뒤서거니 도착했다.

그로부터 한동안 부검이니 증언이니 용의자니 범행동기니 하는 낯선 수사용어들이 우리 엄마를 비롯한 동네 아줌마들 입에 무시로 올랐다. 모두들 방범창을 새로 달았으며 아직 사설 경비 서비스에 가입하지 않은 집들은 서둘러 업체에 전화를 걸었다. 학교 앞길은 엄마들이 몰고 온 승용차로 미어터졌고 귀가시간이 빨라졌다.

은이는 장례를 치르고도 한참 후에야 동네에 나타났다. 마치 동네 사람들 모두 몰래 숨어 그녀가 나타나기만을 기다린 것 같았다. 은이가 이모와 함께 차를 타고 나타난 지 오 분도 안 돼 동네 사람들 거의 전부가 은이네 집 앞에 모여 있었다. 물론 그중에는, 좀 부끄러운 얘기지만, 나와 우리 엄마도 있었다. 은이 삼촌은 먼저 와서 은이와 이모를 기다리고 있었다.

은이는 지뢰밭을 걷듯 조심스레 말라붙은 혈흔을 피해 자기 방으로 올라가 옷가지와 짐을 챙겨야 했다. 재혼을 앞두고 있던 은이의 이모가 따라 들어갔지만 곧 구역질을 하며 먼저 뛰쳐나왔다. 은이 삼촌은 은이 아빠가 몰던 SM5 승용차의 트렁크를 열어놓고 은이를 기다렸다. 은이가 트렁크에 짐을 챙겨 내려오자 이모는 은이를 부둥켜안고 울었다. 우리 엄마 말에 의하면 그녀는 다음달에 캐나다 토론토에서 슈퍼마켓을 하는 남자와 결혼할 예정이라고 했다. 하지만 나중에 알고 보니 슈퍼마켓을 하는 남자가 아니라 가서 슈퍼마켓을 할 남자라고 했다. 나한테는 그거나 그거나였지만 엄마에게는 꽤 중요한 문제인 것 같았다. 은이는 한 달가량 이모 집에 머물렀지만 더는 그럴 수가 없는 형편이어서 삼촌네 집으로 옮겨가는 것이었다. 은이는 입술을 꾹 다물고 울지 않으려 애썼다.

"우리 은이 어떡하니, 불쌍해서 어떡하니. 은이야, 나 결혼 안 할래. 나 안 할게."

은이는 오히려 어른스럽게 이모를 다독였다.

"이모, 난 괜찮아. 정말이야."

"은이야, 이모가 부를게. 자리잡히면 꼭 부를 테니까 거기서 대학 다니자, 응?"

"알았어, 이모."

이웃들은 혀를 차며 은이를 동정했고, 그러면서 한편으론 미심쩍다는 표정으로 은이 삼촌을, 어딘가 비난하는 표정으로 은이 이모를 힐끔거리고 있었다. 은이 삼촌은 은이 아빠와는 대조

적이었다. 그 깔끔한 분과 같은 배에서 나온 형제라고는 도저히 믿기지 않는 풍모였다. 록그룹의 가수처럼 머리를 길게 길러 포니테일로 묶고 찢어진 청바지에 가죽부츠를 신고 있었다. 엄마 말로는 은이네 집안의 오래된 골칫덩이고 음악합네 하고 돌아다니느라 아직 결혼도 '못했다'고 했다.

"은이야, 이제 그만 가자."

은이 삼촌은 아직도 이모와 껴안고 있는 은이에게 다가가 말했다. 은이 삼촌은 이렇게 갑자기 사춘기의 조카를 떠맡게 된 것을 적지않이 부담스러워하는 눈치였다. 게다가 몰려든 아줌마들의 뜨거운 시선도 부담스러웠을 것이다. 물론 형과 형수가 한꺼번에 세상을 뜨는 일도, 아무리 어른이라지만 감당하기 쉬운 일은 아니었을 것이다.

은이가 이모에게서 떨어져 SM5쪽으로 걸어가자 동네 아주머니들이 다가와 은이의 손을 잡고 한마디씩 거들었다. 마음 굳게 먹어라. 잘 살아라. 가끔 놀러 와라.

은이는 끝내 울지 않고 떠났다. 우리 엄마는 또 "은이, 그거 독하네"라고 말하며 집으로 들어와서는 동네방네 은이가 '흉가'를 떠나는 장면을 방송하기 시작했다. 엄마의 방송 속에서 은이는 불쌍하면서 동시에 억세게 운이 좋은 아이였다. 은이를 동정하는 건지 부러워하는 건지 분간하기 어려운 이상한 언어가 흘러다녔다. 그것은 비단 동네 아줌마들 사이에서만 그런 것이 아니라 학교에서도 그랬다. 은이는 집안의 유일한 상속자였다. 스무 살이 될 때까지는 삼촌이 유산을 관리하지만 그 이후로는 모두 은이의 것이었다. 일산의 단독주택과 대지, 논산의 임야와 아버지, 어머니의 보험금과 은행 예금이 은이를 기다리고 있었다. 스무 살만 되면, 스무 살만 되면…… 아이들은 은이 얘기가 나올 때면 그 말을 주문처럼 외워댔다.

은이는 가죽소파에 편안히 몸을 기댄 채 말했다.

"나도 애들이 날 부러워하는 건 알고 있었어. 처음엔 어이가 없고 너무 분해서 잠을 못 잤어. 가뜩이나 무서운데 잠을 못 자니까 더 무서웠어. 창문만 덜컹거려도 가슴이 내려앉고…… 병원에 오래 다녔어. 거의 공황장애 수준이었으니까. 나는 한동안 밖엘 나가지 못했어. 내가 나간 사이에 가족이 몰살당했잖아. 사람들이 아무리 그게 내 잘못이 아니라고 말해도 소용없는 거야. 나도 이론적으로는 알지. 내가 집을 나가는 것과 살인사건은 아무 관계가 없는 별개의 사건이라는 걸, 내가 왜 모르겠어? 그렇지만 나가면 가슴이 뛰고 눈앞이 캄캄해지면서 한 발짝도 옮기질 못하겠는 거야. 그렇게 집에 있으면 여자애들이 은근히 전화해서 사람을 떠보는 거야. 처음에 나는 도대체 걔들이 뭘 원하는지를 몰랐어. 그래서 약속도 잡고 겨우 용기를 내 밖으로 나가보지만 결국 버스정류장까지도 못 가고 돌아오는 거야. 버스를 못 타겠어. 너무 무서워. 그런 기분 알아? 모를 거야. 나에 대해 어떤 소문이 도는지 나도 잘 알아. 무책임하고 변덕스런 애라고 하겠지. 한번은 나가서 애들을 만났는데, 그러면 얘기는 결국 내가 가진 돈 얘기로 흘러가. 취직도 안 해도 되고, 유학도 맘대로 갈 수 있고, 사 입고 싶은 거 다 살 수 있고…… 솔직히 부모 죽은 거 말고 뭐가 부족하냐는 투야. 물론 애들이 대놓고 이렇게 말하진 않아. 하지만 난 알 수 있어. 결국은 그 얘기야. 뭐, 피해망상? 너도 내가 정신병자처럼 보이니? 어쨌든 좋아. 지금은 예전처럼 그렇게 무섭지는 않아. 이젠 비행기도 타고, 외국도 다녀오고 그래. 하지만 나가서 돌아다니는 게 그렇게 좋지만은 않아. 그래서 집에서 사전 같은 걸 뒤적이며 지내는 거야. 그게 제일 편해."

범인은 사건 석 달 후, 훔친 신용카드로 돈을 인출하는 장면이 찍히는 바람에 경찰에 체포되었다. 조사해보니 무려 열다섯 명의 사람이 살해당했다. 일산에서 수색에 이르는 이른바 경의선 일대가 범인의 활동무대였다. 범인은 차를 몰고 돌아다니다가 문득 영감이 떠오르면(범인의 표현이다) 차에서 내려 자신에게 영감을 준 집으로 들어갔다. 반지하방에 살던 여자 세 명이 죽었고 상가 주택의 사층에 살던 주인 부부가 죽었고 밤늦게 귀가하던 여자 경리가 죽었다. 여자 경리의 죽음 때문에(경찰은 최초 돈에 얽힌 원한관계를 의심했다) 그녀가 다니던 자동차부품회사의 엉뚱한 비리들이 밝혀지기도 했다. 몇몇 집은 문이 장도리로 잘 젖혀지지가 않아 범행을 포기했다. 은이네 집은, 미국식 교외주택을 본따 지은 그 번듯한 목조주택은, 이런 무식한 장도리에는 너무 약했다. 범행동기는 돈도, 성욕도 아닌, 그야말로 살인 그 자체였다. 밤이 되면 살인에 대한 생각 때문에 잠을 이룰 수 없었다고 했다. 이전에 저지른 살인을 반추하고 또 반추하면서 아쉬웠던 점들을 곱씹고 그것을 다시 실행에 옮기는 장면을 떠올리고 또 떠올리다가 구형 엘란트라를 몰고 나가 거리를 헤맸다는 것이다.

범인이 잡혔다고 은이의 공포가 수그러든 건 아니었다. 그런 인간이 그 범인 하나라고 누가 단정할 수 있겠는가. 논리적으로는 한 번 연쇄살인범을 만난 사람이 다시 연쇄살인범을 만날 가능성은 거의 없다. 두 확률을 곱해야 되기 때문이다. 만약 살아가면서 우연히 연쇄살인범과 마주칠 확률이 0.01%라면 각기 다른 연쇄살인범을 두 번 만날 가능성은 0.0001%가 되는 것이다. 게다가 은이처럼 연쇄살인범에게 가족을 몰살당한 사람이 다시 연쇄살인범을 만나 피해를 입을 확률은, 그냥 만닐 확률보다 훨씬 적을 것이 분명했다. 그러나 그것은 논리의 세계에서나 통하는 말이었다. 현실에선, "아무 죄도 없이 그렇게 당했는데 언젠가 다시 또 당하지 말란 법이 왜 없겠는가?"라고 묻게 된다. 무엇보다 은이는 밖에 나갔다 집으로 들어오는 순간, 열쇠로 문을 따고 현관을 들어서는 순간이 부서웠다.

나는 은이의 얘기를 조용히 들었다. 뭐라고 괜히 끼어들었다가 나 역시 그녀의 돈과 재산, 행운에 관심 있는 인간으로 오해받을 수가 있었다. 나는 그냥 모든 것을 수긍해주었다.

"그랬구나. 힘들었겠는데. 근데 어쩌다 퀴즈쇼까지 나오게 된 거야? 이젠 어딜 돌아다녀도 괜찮은 거야?"

"아, 그게 얘기하자면 길어."

그 순간 일하는 아주머니가 다가와 은이와 내 커피잔을 치워 갔다.

"이모 왜?"

은이는 그 아주머니를 이모라고 부르고 있었다.

"쿠키 좀 갖다줄까?"

아주머니가 은이에게 물었다.

"응. 키위 있지? 그거하구."

그러면서 내 쪽으로 고개를 돌리며 물었다.

"아니, 너 혹시 맥주 할래?"

"……주면 좋고."

"무슨 맥주?"

"……뭐가 있는데?"

"있을 건 다 있어. 내가 집에서 홀짝홀짝 좀 마시거든. 밤에 혼자 있으면 좀 쓸쓸하기도 하고."

"난……벡스가 좋던데."

"벡스 라거? 다크?"

"다크."

아주머니가 고개를 끄덕이며 부엌으로 가더니 김치냉장고 문을 열었다. 아주머니는 거기에서 벡스 다크 한 병을 꺼내 쟁반

에 잔과 함께 받쳐가지고 왔다. 땅콩과 말린 오징어채도 곁들여
서였다. 나는 벡스를 따서 잔에 따랐다.

"넌 안 마셔?"

"배가 좀 부르네."

은이는 슬쩍 내 표정을 살폈다.

"나 혼자 살기엔 이 집이 좀 크다고 생각하지 않니?"

"글쎄……"

나는 집을 슬쩍 둘러보았다. 목동의 주상복합아파트였는데 족
히 오십 평은 돼 보였다.

"다들 우리 집에 오면 그 얘기부터 하는데…… 학생한테 왜 이
렇게 큰 집이 필요하냐구. 그치만 집이야 크면 누구한테나 좋은
거 아냐? 학생이든 노인이든, 작은 집이 좋을 게 뭐가 있어? 안
그래?"

"음, 그야 그렇지."

"흥, 난 스무 살에 벌써 다 늙어버렸다구. 누가 그 심정을 알
겠어? 스무 살 생일날에, 그러니까 정말 정식으로 성년이 되는
날이었는데 말야, 삼촌이 통장이며 집문서며 다 챙겨서 서류봉
투에 넣어서 주더라. 정말 막막한 거야. 삼촌 가고 나서 열어보
니 생각보다 훨씬 큰돈이었어. 그때부터 아무것도 아쉬운 게 없
는 거야. 취직 때문에 애달캐달할 일도 없고, 무능한 부모 때문
에 속 끓일 일도 없고, 사회체제에 분노할 일도 없었어. 그냥 쓰
면 되는 거야. 공부는 왜 하고 취직은 왜 해? 그냥 집에 있으면

되는데. 우리 부모가 엄청난 부자는 아니었지만 적어도 내가 이십 년은 그냥 아무것도 안 하고 있어도 될 정도의 돈이 되더라구. 당연하지. 애들 대학 공부시키고 그러고도 부부 둘이 늙어 죽을 때까지 쓰려고 모은 돈이었으니까."

나는 별로 할 말이 없었다.

"삼촌은 요즘 뭐하셔?"

"삼촌은 경희대 앞에서 카페를 하셨더랬는데, 망했지, 뭐."

"음악은 안 하시고?"

"그 나이에 록은 힘들잖아. 일단 몸이 안 되고…… 그래서 카페를 차렸는데 친구들이 놀러와서 자꾸 대마초를 하는 바람에……"

"저런. 그래서 지금은?"

"네팔에 가 계셔. 거기서 친구하고 게스트하우스를 한대. 내가 좀 보태드리기도 했고."

"너네 삼촌 취향에는 오히려 거기가 맞겠다."

은이의 삼촌이 딱 한 번 EBS의 무슨 음악프로의 세션맨으로 나온 걸 본 적이 있었다. 고개를 숙인 채 기타만 치고 있어서 누가 미리 얘기해주지 않았더라면 모르고 지나갔을 것이다.

"사실 삼촌은 나 책임지는 그 삼 년도 엄청 부담스러워했어. 나도 처음엔 삼촌 무지 무서웠다. 밤에 삼촌하고 둘이만 집에 있으면, 뭐 가족이니까 그럴 리 없다고 생각하면서도, 사람을 어떻게 알아, 싶은 거야. 내가 좀 유난하니?"

"아니, 그럴 수 있지. 그런 일을 당했는데……"

"삼촌은 나 때문에 한동안 술도 끊고 집에 일찍일찍 들어와 나 밥도 챙겨주고 나름 되게 노력했는데, 나는 나대로 삼촌이 술 끊고 맨정신으로 멀뚱멀뚱 앉아 있으니까 더 무서운 거야. 삼촌은 술에 적당히 취해 있을 때가 더 착해 보이거든. 그런데 술을 안 마시니까 사람이 어딘가 어둡고 그렇더라구. 나도 미칠 뻔했어. 밖에는 나갈 수가 없고 그렇다고 집에 있자니 삼촌이 신경쓰이고."

"힘들었겠네."

나는 벡스 다크를 마셨다. 어느새 잔이 비어버렸다. 이번에는 은이가 냉장고에 가서 맥주를 더 꺼내왔다. 한 병은 내가 마실 벡스 다크였고 다른 한 병은 기네스 드래프트였다. 은이는 걸어오면서 말했다.

"근데 참 이상해. 나는 삼촌이 참 무서웠거든. 내 재산도 가로챌 것 같고, 나쁜 친구들하고 다 해먹고 어디 도망갈 것 같고, 그랬는데 삼촌은 오히려 정말 어려운 순간에도 그걸 축내지 않으려고 애썼어. 차린 카페가 망했을 때도 그랬고, 교통사고로 합의금을 물어줄 때도 그랬고……"

"교통사고를 내셨어?"

"응. 음주운전에 무면허, 게다가 횡단보도 사고였어. 삼촌 말로는 애가 빨간불에 막 뛰어왔다는데, 글쎄, 어떤 미친 애가 왕복 팔차선 도로에 뛰어들겠어? 다행히 어린애 팔만 부러지는 선에서 끝났지만 삼촌은 굳이 합의를 안 해주고 자기가 그냥 감방에 가겠다고 고집을 부렸어. 하여간 그 삼 년 남짓한 동안에 여러 일이 많았어. 어쨌든 그래도 삼촌은 우리 엄마, 아빠가 물려준 재산을 고스란히, 비교적 고스란히 넘겨줬어. 덕분에 내가 이렇게 살고 있지만 말야. 그런데 내가 정말 사람 모르겠다고 생각한 건, 우리 이모야. 삼촌보다 나이가 두 살 어려서 친권자가 못 됐거든. 캐나다 가면서도 그렇게 날 붙잡고 울더니, 내가 고등학교 졸업할 때 되니까 얼른 캐나다 오라고 야단인 거야. 근데 난 캐나다 별로거든. 가려면 뉴잉글랜드나 뉴욕, 이런 미국 동부 쪽이라면 모를까, 토론토는 아니었어. 좀 구리잖아? 그런데 이모는 부득불 우기면서 내가 그리로 와야 한다는 거야. 결국 이모가 한국에 들어왔어. 그리고 재산 정리되는 대로 자기랑 같이 토론토에 가서, 자기 부부랑 살기 뭐하면 베드룸 하나짜리 아파트 얻어서 살면 된대. 거기서 대학도 다니고 뭐 그렇다나. 하도 그러기에 나도 마음의 준비를 하고 있었는데 나중에 알고보니, 그것도 우연히 알게 된 건데, 이모네가 하던 슈퍼마켓이 거의 거덜나기 직전이었던 거야. 별 준비 없이 이민간 한인들이 제일 많이 하는 게 슈퍼 아니면 편의점인데, 목도 안 좋고 경쟁도 치열해서 거의 망하기 직전이었던 거야. 구글로 그 슈퍼 이름 넣고 딱 쳐보니까 주르륵 뜨더라구. 나도 이해는 해. 이모도 나쁜 뜻은 아니었을 거야. 그 위기만 좀 넘기자, 그리고 은이한테도 잘해주자, 그랬을 거야. 그래도 난 좀 놀랐어. 같이 사는 삼촌은 자기가 감방 가면서도 손을 안 벌리는데, 이모는 세상에 그 먼 데서도 내 돈을 노릴 수가 있는 거야? 내가 어렸을 때부터 이모를 얼마나 좋아했었는데……"

은이의 얘기를 듣다보니 마치 그녀가 갑자기 제위에 오른 여왕처럼 느껴졌다. 미약한 왕권과 이를 노리는 왕족들의 암투, 간신들의 발호. 아, 위기에 처한 그녀는 어떻게 될 것인가.

"집 구경시켜줄까?"

"그럴까?"

나는 맥주잔을 든 채 자리에서 일어나 은이를 따라 걸었다.

"이건 뭐니?"

나는 장식장 비슷한 아름다운 가전제품 앞에서 발걸음을 멈추었다.

"아, 와인 냉장고."

"오……"

"와인은 온도가 중요하거든. 열화되면 맛이 변해서 좀 곤란해. 자, 이리 와."

나는 그녀를 따라 서재에 들어섰다. 보통 집에서 안방으로 쓰는 큰 방과 전실을 그녀는 서재로 쓰고 있었다. 두 개의 방은 드레스룸으로 이어져 있었는데 그곳에도 은이는 책을 쌓아두었다.

"멋진데."

"인간들한테 실망하고 나니까 출구는 딱 두 개밖에 없더라."

자세히 보니 은이는 꽤 풍부한 표정을 가지고 있었다. 이런 말을 할 때는 짐짓 세상의 신산을 다 겪은 사람의 얼굴이었다.

"뭔데?"

"책과 종교."

"종교?"

"응, 그런 일 당하고 보니까 학교에서 배우는 게 다 하찮아 뵈더라구. 인간이 얼마나 값없는 존재인지 알겠고. 그래서 성당에 가고 싶다고 삼촌한테 말했더니 삼촌이 동네 성당에 데려다줬어. 야, 요즘은 동네 성당도 다 홈페이지가 있어. 그거 알아?"

"아니. 근데 성당 가는 건 안 무섭디?"

"응, 처음엔 나갈 때는 힘들었는데 막상 성당에 앉아 있으니까 안정이 되더라. 신기했어. 그 안에서는 어떤 나쁜 일도 일어나지 않을 것 같았어. 그리고 거기서 꽤 재밌는 수녀님을 한 분 만났어. 뭐랄까, 얼치기 심리학자 같은 분이셨는데, 왜, 성당에 그런 과정 많이 있잖아. 부부 피정이나 이런저런 심리치료과정, 그런 거. 그런데 가서 좀 배우셨나봐. 내 얘길 듣더니 나름의 치료를 시작하시는 거야. 아마 내가 첫번째 실험대상이었을 거야. 속는 셈 치고 해봤는데 꽤 효과가 있었어. 우리 집에도 한 번 놀러오셨었는데 은근히 술도 잘하시고, 하여간 재밌는 분이셨어. 그분 말씀이 공포에 굴복하면 안 되고 조금씩 맞서 싸워서 이겨나가야 한대. 지하철도 타고 택시도 타고 사람 많은 데도 가보고 어두운 집에 혼자 들어와 불도 켜보고…… 그 마지막 과정이 바로 퀴즈쇼였어."

244

"그래?"

"내가 퀴즈 좋아하는 거 아시니까 하루는 나더러 텔레비전에서 하는 그 쇼에 나가보라는 거야. 자기가 신청도 대신 해줬어. 막상 나가보니 재밌더라. 예선 때는 수녀님이 데려다줬는데 본선 때는 나 혼자도 가겠더라구."

아주머니가 들어와 더 필요한 것이 없냐고 묻자 은이는 오늘 수고하셨다며 그만 가보시라고 말했다.

"참 이모, 내일 오실 때 저 그거 좀 사다주세요, 그거."

'그거'가 뭘까 궁금했지만 아주머니는 알아들었는지 "응, 알았어. 내일 일찍 올게" 하고는 뒤로 돌아 서재를 나갔다. 은이는 아주머니가 나간 후에 또 뭐 필요한 게 있는지 현관까지 뒤따라 나가며 이런저런 이야기를 했다. 그사이 나는 은이의 서재를 꼼꼼히 둘러보고 있었다. 서재의 중심에는 내가 늘 갖고 싶었던 정신문화연구원 발행 『한국민족문화대백과사전』 전 27권이 놓여 있었다. 은이의 서재는 스물네 살 대학생의 서재라기보다는 은퇴한 교수의 서재처럼 보였다. 은이가 서재로 돌아와 정말 편안해 보이는 의자에 앉았다. S자를 위에서 꾹 눌러 옆으로 늘인 것 같은 독서용 의자였는데 발을 올려놓고 책을 읽고 있으면 참 좋을 것 같았다.

"여긴 자료방이라 좀 따분하지? 소설이나 만화 같은 건 건넌방에 있어. 근데 동국아."

"응?"

"넌 꿈이 뭐야?"

"꿈? 글쎄……"

"곧 졸업인데 뭐 하고 싶은 게 있을 거 아냐?"

"글쎄 일단 공익근무나 마치고……"

"너 공익이니?"

"응, 내년에 소집돼. 내가 허리가 좀 안 좋거든. 근데 사실 내 꿈은……"

"퀴즈왕?"

은이가 놀려댔다.

"아니. 난 말이야, 출판…… 평론가가 되고 싶어."

"출판평론가?"

"좋잖아. 늘 책 보고 그것에 대해 쓰고…… 출판사에서 책도 막 보내주고."

은이가 야릇한 눈길로 나를 쳐다보았다.

"야, 정동국. 너 좀 귀엽다."

"뭐가?"

"너……"

"왜?"

은이가 의자에서 일어나 허리를 곧추세우고 앉았다. 나는 나도 모르게 한 발짝 뒤로 물러났다.

"여기 들어와 살래?"

"뭐?"

"나 밤에 좀 무서워서 그래. 아까 그 이모 가면 혼자 너무 무서워."

"⋯⋯그렇겠구나."

"너 여기서 공익근무 다니면 안 돼? 밤에는 여기서 책도 보고 인터넷도 하고 나랑도 놀고."

"그, 글쎄. 엄마가 뭐라고 하실지⋯⋯"

"알았어."

은이는 토라진 얼굴로 홱 몸을 돌려 서재를 나가버렸다. 나는 어찌할 바를 모르고 그녀를 뒤따라나갔다.

"은이야."

"왜?"

그녀는 나를 외면한 채 소파에 앉아 리모컨을 들어 텔레비전을 켰다. 나는 사과했다.

"저, 미안해."

"뭐가?"

"그냥 너무 갑작스럽고⋯⋯"

은이는 음소거 버튼을 눌러 텔레비전의 소리를 죽였다. 그리고 단호하게 말했다.

"난 열여섯 살 이후로 깨달은 게 있어. 하고 싶은 걸 당장 하지 않으면 안 된다는 거야. 그럼 늦어버려. 우리 아빠는 정말 완벽한 사람이었어. 그런데⋯⋯"

단호한 태도는 갑자기 어디론가 사라지고 돌연 울먹이기 시작했다.

"은이야, 울지 마."

나는 소파에 앉아 은이를 위로했다. 하지만 어떻게 해야 위로가 되는 건지 알 수 없었다. 위로는 내가 한 번도 해본 적이 없는 것이었고 일전에 은이가 제시한 "해봤어?" 리스트에도 없던 항목이었다.

"그렇게 완벽한 분도 한 치 앞을 못 내다보는 게 인생이야. 인생이라구. 니가 그런 걸 알아?"

좀 부당한 공격이라고 생각했지만 굳이 반론을 제기하지는 않았다. 은이는 훌쩍거리며 오른손으로 눈물을 닦아내고 있었다.

"휴지 좀 줄래?"

"휴지가 어딨는데?"

"저기 있잖아."

크리넥스 통은 열 걸음도 더 떨어진 중국식 콘솔 위에 있었다. 나는 얼른 달려가 크리넥스 통을 가지고 돌아왔다. 은이는 크리넥스를 뽑아 코를 풀고 그 휴지는 그대로 바닥에 던졌다. 눈물은 말랐고 호흡도 정상으로 되돌아왔다. 은이는 차분한 얼굴로 소리가 나오지 않는 텔레비전을 바라보고 있었다. 우리는 한 뼘 정도의 거리를 두고 나란히 소파에 앉아 있었다. 문득 너무 가까이 앉아 있는 게 아닐까 하는 생각이 들었다.

은이가 말했다.

"너 소양강이라며?"

"아니…… 소양강이 아니라 소양강댐……이라고, 내가 아니라 니가……"

은이는 씩 웃으며 소파에 앉은 채로 블라우스의 단추를 하나씩 풀었다. 단추가 하나씩 풀어질 때마다 그녀의 가슴이 드러났다. 그녀의 속살은 죽은 자기 엄마를 닮아 약간 갈색이었는데, 그게 훨씬 더 섹시하게 느껴졌다.

"좀 덥지 않니?"

자정 넘어 하는, 방송국에서 한국영화 쿼터 채우려고 해주는 철 지난 에로영화에나 나오는 대사인 줄 알았는데 막상 당하니 꽤 효과가 있었다. 대뇌피질 깊숙이 자리잡은 홍수통제소에서 쉴새없이 전화를 걸어와 소리를 질러댔다. 어서 방류하라니까 도대체 뭐하는 거야? 이러다간 댐이 붕괴된다구!

은이는 소파에 올라가 나를 향해 무릎을 꿇고 앉았다. 가슴이 좀더 도드라져 보이는 자세였다. 그리고 무릎걸음으로 천천히 나를 향해 다가왔다. 그 순간 나는 친구들이 내게 전해준 그녀에 관한 모든 소문들이 어쩌면 사실일지 모른다는 의심이 번쩍 들었다. 그러나 홍수통제소의 호통은 그 모든 회의와 의구심을 일거에 무력화시켰다. 어서 수문을 열란 말이다, 이 밥통 같은 자식아!

나는 그녀의 허리를 두 손으로 덥석 껴안았다. 허리가 힘없이 내 쪽으로 휘어졌다. 그러자 벌어진 블라우스 사이로 그녀의 가슴이 내 입술에 와 닿았고 나는 한 동물학자가 '앞에 있는 엉덩이'라 부른 그 신비의 굴곡 사이에 얼굴을 파묻지 않을 수 없었다. 들큰한 냄새가 풍겼다. 은이는 내 머리를 두 손으로 감싸며 어루만졌다.

"우리, 침대로 가자."

은이는 내 손을 잡아 이끌고 침실로 데려갔다. 방은 고급스럽고 화사했다. 방 한가운데에는 높이가 낮은 라텍스 매트릭스의 킹사이즈 침대가 놓여 있었고 베드벤치와 사이드테이블엔 책이 그득 쌓여 있었다. 은이는 스탠드를 켰다. 부드럽고 은은한 불빛이 방을 가득 채웠다. 우리는 베드벤치 위에 쌓여 있던 책 무더기를 무너뜨리며 침대 위로 기어올라갔다. 그녀가 가랑이를 벌리고 드러눕자 나는 그 위로 올라가 팔굽혀펴기를 하듯 두 손으로 몸을 지탱하고 아랫도리를 그녀에게 밀착시켰다.

그 순간, 예기치 않은, 나로서는 결코 원치 않았던 수문의 개방으로 인한 급작스런 1차 방류가 있었다. 너무 부끄러워서 창을 열고 뛰어내리고 싶었다. 그러나 은이는 당황하지 않고 나를 편안히 눕힌 후 내 위로 올라와 내 젖꼭지에 키스를 퍼부어댔다. 그리고 한 손으로는 미끈거리는 내 성기를 만지작거렸다. 아마, 내 기억이 정확하다면, 자기 입속에 잠깐 집어넣기도 했을 것이다. 그러자 어느새 기력이 회복되었다. 나는 다시 몸을 일으켜 그녀의 몸을 향해 돌격해갔다. 잠시 후 다시 방류를 시작한 소양강댐은 저수량의 거의 대부분을 비울 때까지 물을 쏟아냈다. 우리는 거의 몇 시간을 침대에서 뒹굴었다. 그리고 마침내는 손끝 하나 까딱할 수 없는 순간이 찾아왔다.

우리는 벌거벗은 채 축축한 시트 위에 나란히 누워 있었다. 그렇게 있노라니 이 넓은 집에서 은이와 함께 퀴즈도 풀고 섹스도 하면서 지내는 게 도대체 왜 나쁜가 하는 의문이 생겼다. 은이가 콧소리를 섞어 말했다.

"나, 성당 열심히 나갈까봐."

"왜?"

"그 수녀님 덕분에 퀴즈쇼도 나가고……"

"나가고……?"

"그래서 너도 만나고……"

그녀는 수줍은 듯 내 겨드랑이 사이로 파고들었다. 나는 은이의 젖꼭지를 꼬집으며 물었다.

"나…… 자고 갈까?"

"그럴래? 그래."

"정말? 괜찮겠어?"

"그럼, 무서운데 잘 됐다."

나는 오른팔로 팔베개를 해주었다. 그러나 그녀는 내 팔에 머리를 올려놓지 않았다.

"근데 자기 전에 좀 씻어야 되지 않아?"

"왜? 그냥 자면 안 돼? 나, 집에서는 그냥 자는데."

"뭐? 말도 안 돼."

콧소리로도 뭔가를 단호하게 말할 수 있다는 것을 나는 처음 알았다.

"알았어."

나는 마지못해 몸을 일으켰다. 침실의 화장실로 걸어가는 나를 은이가 제지했다.

"동국아, 미안한데, 저 거실 화장실 쓰면 안 될까?"

나는 방향을 바꾸어 문을 열고 거실로 나갔다. 뒤에서 은이의 말이 들렸다.

"글구 그 화장실 옆방 있거든. 거기 써. 그럼 내일 봐. 잘 자."

나는 그 자리에 멈춰 섰다. 그리고 돌아서서 조심스럽게 은이에게 물었다.

"우리, 따로 자는 거야?"

은이가 생뚱맞다는 얼굴로 나를 바라보며 냉정하게 잘라 말했다.

"나, 어렸을 때부터 침대에서 혼자 자 버릇해서 다른 사람하고 같이 못 자거든."

나는 은이의 침실로 다시 들어가 여기저기 널브러진 내 속옷과 겉옷을 챙긴 후 밖으로 나왔다. 거실 화장실은 나쁘지 않았다. 거품이 나오는 월풀 욕조가 근사해 처음엔 샤워만 하려다가 아예 물을 받아 몸을 담갔다. 긴 목욕을 마치고 나오자 은이의 침실은 벌써 문이 닫히고 불이 꺼져 있었다. 나는 은이가 말한 그 방으로 갔다. 현관 바로 앞의, 말하자면 문간방이었다. 문을 열어보니 공주님의 방보다 훨씬 소박하고 검소한 방이었다.

나는 싸구려 차렵이불 속으로 기어들어갔다. 조금 분한 마음
이 없는 건 아니었지만 누워서 찬찬히 생각해보니 사실 나로선
손해본 게 없었다. 맛있는 저녁도 먹고 맥주도 마시고 삼 년 만
에 수문도 열었으니 밑진 게 다 뭐냐 싶었다. 정말 퀴즈쇼에 나
가길 잘했다 싶었다. 아참, 아까 그 김치냉장고에 가서 맥주나 한
병 더 꺼내 먹을까? 무슨 맥주가 도대체 얼마나 있는 걸까? 아니
야, 맥주는 그만 마시자. 알코올중독자처럼 보일 거야. 하지만 목
이 마른걸? 맥주 마시면 아마 나중엔 목이 더 마를 거야. 맥주에
대한 갈망은 겨우 접었지만 다른 생각들이 꼬리에 꼬리를 물었
다. 그런저런 잡념 끝에 잠이 들었고 아침까지 한 번도 깨지 않
았다.

오늘의 커피

광화문 스타벅스는 소란스러웠다. 계산대 앞에는 여섯 명이 줄을 서 차례를 기다리고 있었다. 분홍색 카디건을 입은 여자는 빨간 털모자를 쓴 친구와, 크림치즈를 바른 베이글과 달콤한 티라미수 케이크 중에서 어떤 것이 맛있는지 토론하고 있었다. 혼자 온 사람은 거의 없었다. 테이블에 둘러앉은 사람들은 한 여자 가수의 배꼽과 그녀가 그것으로 버는 돈, 새로운 다이어트요법에 대해 떠들어댔다. 그 웅웅거리는 소리들은 원두분쇄기의 요란한 소음에 묻혔다. 캐논볼 애덜리의 색소폰 소리는 스피커를 나오자마자 바람 빠진 풍선처럼 바닥으로 가라앉아 사람들의 발길에 차였다.

　거리에 면한 창가 자리에 한 남자가 앉아 오늘의 커피를 홀짝이면서 세종문화회관 쪽에서 걸어오는 사람들을 구경하고 있었다. 며칠 전 내린 눈으로 거리는 질척거렸다. 가끔 주머니에 손을 꽂은 사람들이 무더기로 걸어 지나갔다. 남자는 머그잔에 담긴 오늘의 커피를 바라보고 있었다. 커피가 출렁였다. 몸도 가볍게 흔들거렸다. 아래로 지하철 5호선이 지나가는 모양이었다.

바로 그때 창밖을 지나던 한 남자와 눈이 마주쳤다. 쥐색 코트를 입은 그 남자의 어깨는 굽었고 눈은 퀭했다. 쥐색 코트는 가던 길을 멈춘 채 눈을 가늘게 뜨고 스타벅스 안에 있는 그를 한참이나 바라보았다. 그러더니 마음을 굳혔는지 보폭을 넓히며 유리문을 밀고 스타벅스로 들어섰다. 오늘의 커피를 홀짝이던 남자는 도대체 어디서 그 쥐색 코트를 보았는가를 골똘히 생각했다. 분명 구면이었지만 구체적으로 어떤 자리, 어떤 상황에서 그와 마주쳤는지 도무지 떠오르지 않았다. 그러나 쥐색 코트는 자신을 알고 있는 것 같았다.

스타벅스 안으로 들어온 쥐색 코트는 주문대 앞에 줄을 섰다. 거기서도 창가에 앉은 오늘의 커피를 연신 힐끔거렸다. 줄은 점점 줄어들었다. 마침내 그의 차례가 되자 쥐색 코트는 카페라테를 주문했다. 이동통신사의 멤버십 카드를 내고 할인을 받은 그는 오른쪽으로 걸어가 자신의 카페라테가 나오기를 기다렸다. 잠시 후, 그가 시킨 카페라테가 나오자 그는 그것을 받아들었다. 계핏가루를 뿌리며 그는 조금 망설이는 것 같았다. 그러나 결국 창가 쪽으로 걸어와 오늘의 커피 바로 옆에 앉았다. 오늘의 커피는 펼쳐 읽던 신문을 반으로 접었다. 그리고 힐끗 옆자리에 앉은 카페라테를 쳐다보았다. 두 남자의 눈이 다시 마주쳤다. 먼저 질문을 한 것은 오늘의 커피였다.

"혹시?"

"네?"

카페라테가 눈썹을 치켜올렸다.

"전에 어디서 뵙지 않았던가요?"

오늘의 커피가 어색하게 웃었다. 캐논볼 애덜리의 연주가 끝
나고 이름을 알 수 없는 피아노 트리오의 연주가 시작되었다.

"글쎄요."

카페라테는 긍정도 부정도 아닌 애매한 표정이었다.

"제가 사람을 잘못 본 모양이네요. 죄송합니다."

오늘의 커피가 고개를 살짝 숙여 사과했다. 카페라테는 별다
른 대꾸를 하지 않은 채 시선을 창밖으로 돌렸다. 그는 입에 크
림을 묻혀가며 카페라테를 마셨다. 그가 플라스틱 뚜껑을 열자
계피 냄새가 확 풍겼다. 바로 그때 오늘의 커피가 카페라테 쪽
으로 고개를 홱 돌렸다.

"혹시, 방배동에서?"

카페라테는 입가를 일그러뜨리며 미소를 지었는데 비웃는 것
인지 이제 기억해내서 실망했다는 것인지 알기 어려운 표정이었
다. 말을 이어가던 오늘의 커피의 표정은 점점 어두워졌다.

"……생고기를 파는 그 갈빗집, 거기 어디더라, 하여간 거기
에서……"

"이제야 기억을 하시는군요. 그날, 참 무지막지했습니다."

카페라테가 정색을 하고 말했다.

"아……"

오늘의 커피는 자기도 모르게 주춤주춤 자리에서 일어났다. 그는 방금 내려온 스툴에서 조금 물러선 채 카페라테의 얼굴을, 검은 뿔테안경과 그의 두 눈을, 미간을 좁히며 쳐다보았다. 카페라테가 크림을 묻힌 입으로 말했다.

"나는 코뼈가 부러졌더랬지요. 당신은 내 두 어깨를 잡고는 무릎으로 얼굴을 쳐올렸습니다. 보십시오."

그는 자기 코를 가리켰다. 코의 줄기가 살짝 휘어 있었다.

"아직까지 축농증으로 고생하고 있기도 합니다."

"미안하게 됐습니다."

"그때 함께 도망간 친구분, 갈빗집의 불판을 휘둘렀던 그 친구분은 안녕하십니까?"

카페라테가 물었다.

"작년에 죽었습니다. 췌장암이었지요."

"아, 그랬군요. 그때 우리들은 당신네들한테 맞아 모두 한동안 병원 신세를 졌더랬습니다."

"이제라도 치료비를 드리고 싶지만……"

오늘의 커피가 말끝을 흐렸다.

"괜찮습니다."

"지난주에 직장을 나왔습니다. 그리고 여기로 출근을 하고 있습니다."

260

"치료비는 필요 없습니다. 단지, 딱 한 대만, 당신의 그 오똑한 콧등을, 그야말로 딱 한 대만 때려보고 싶습니다. 나는 살아오면서 남의 코뼈를 부러뜨린 일이 한 번도 없었습니다."

오늘의 커피와 카페라테는 조용히 스타벅스를 나와 일식집이 늘어선 골목으로 들어섰다. 마음의 준비를 한 오늘의 커피가 눈을 감자 카페라테가 주먹으로 있는 힘껏 그의 코를 때렸다. 어이쿠. 오늘의 커피가 무릎을 꺾으며 그 자리에 주저앉았다. 카페라테는 코를 감싸쥔 그에게 말했다.

"수고하셨습니다. 그럼 몸조리 잘하십시오."

카페라테는 쥐색 코트 자락을 휘날리며 먼저 자리를 떴다. 오늘의 커피는 눈도 제대로 뜨지 못한 채 비틀거리며 스타벅스 안으로 다시 들어갔다.

약속

터미널에서 텔레비전을 보며 고속버스를 기다리고 있는데 수수한 옷차림의 젊은 여자가 다가왔다. 서울에서 친구를 만나러 내려왔는데 그만 지갑을 잃어버려서 난처해졌다며 차비를 빌려주면 나중에 계좌이체로 보내주겠다고 했다.

"거짓말 마세요."

나는 여자에게 말했다.

"뭐라고요?"

"거짓말 마시라고요."

"뭐가 거짓말이라는 거예요?"

여자가 눈을 똑바로 뜨고 내게 물었다.

"전에도 똑같은 일을 당했으니까요. 내가 그렇게 바보처럼 보입니까?"

"그게 저였어요? 제가 그랬어요?"

"그건 아니지만 수법이 똑같아요."

"수법이라고요? 사람을 완전 사기꾼으로 모시네요. 그 사람은 사기꾼일지 몰라도 전 아니란 말이에요."

여자가 눈물을 글썽거리더니 다리에 힘이 풀린다는 듯 무릎에 손을 짚으며 내 옆에 앉았다.

"차비는 얼마가 필요하신데요?"

"대충 삼만원이면 될 것 같아요."

나는 주머니에 손을 넣었다. 오른쪽 앞주머니에는 지갑 대신 휴대폰이 들어 있었다. 나는 휴대폰으로 그 여자를 겨눴다.

"지금 뭐하시는 거예요?"

"사진 한 장만 찍어두려고요."

"남의 사진을 왜요?"

여자가 발끈했다.

"떳떳하다면 피할 이유가 없잖아요? 남의 돈을 삼만원이나 빌려가면서 이 정도도 못 해요?"

"초상권이라는 게 있잖아요? 남의 사진 함부로 찍으면 안 되는 거 모르세요?"

나는 마음이 상해 휴대폰을 다시 주머니에 집어넣어버렸다. 여자가 쌩한 얼굴로 나를 노려보는 것이 느껴졌지만 꾹 참고 가만히 앉아 있었다. 여자가 말했다.

"좋아요. 찍으세요. 대신 사만원 주세요."

"삼만원이면 된다면서요?"

"사진까지 찍히잖아요."

나는 잠시 생각을 해보다가 고개를 저었다.

"안돼요. 삼만원밖에는 못 드려요. 아까 삼만원이라고 했잖아요?"

여자가 한숨을 푹 쉬더니 고개를 끄덕였다.

"좋아요. 그럼 그렇게 해요."

나는 휴대폰을 다시 꺼내 그녀의 얼굴을 찍었다. 그녀는 마지막 순간에 얼굴을 살짝 옆으로 돌렸다.

"한 번만 더요."

그녀가 살짝 미간을 찌푸렸다. 나는 개의치 않고 한 번 찍었다. 그녀가 물었다.

"이제 저 믿으세요?"

그 말에 대꾸하지 않고 나는 볼펜을 꺼냈다.

"계좌번호 적어드릴게요."

그녀가 불쑥 손바닥을 내밀었다. 낯선 여자의 손을 잡는다는 게 좀 찜찜했지만 하는 수 없이 그 손바닥 위에 계좌번호를 적었다. 별로 유쾌하지 않은 경험이었다. 아플까봐 살살 적으니 처음 몇 글자는 거의 보이질 않았다. 세게 눌러쓰니 여자가 얼굴을 찡그렸다.

"앞의 이 세 글자는 1, 5, 3이에요. 잘 안 보이죠? 다시 쓸까요?"

"잘 보여요."

"다행이네요."

나는 지갑에서 삼만원을 꺼내 그녀에게 주었다.

"고마워요."

그녀가 별로 고마워하지 않는 얼굴로 말했다.

"돈 꼭 부치세요."

"네, 알았어요. 근데 남자가 무슨 의심이 그렇게 많으세요?"

여자는 돈을 받자마자 일어나 휑하니 가버렸다. 나는 휴대폰에 저장된 여자의 사진을 들여다보았다. 문득 삼 년 전에 헤어진 아내 생각이 났다. 이번달 양육비를 보냈는지 아직 안 보냈는지 잘 기억이 나질 않았다. 아마 보냈을 거야. 안 보냈다면 가만있지 않았을 테니까. 멍하니 그런 생각을 하고 앉아 있는데 웬 남자가 다가오더니 불쑥 물었다.

"주 예수 그리스도를 믿고 천국에 가시겠습니까? 아니면 지옥의 불구덩이에서 영원히 고통을 받으시겠습니까?"

나는 대답했다.

"꺼져!"

남자는 깜짝 놀라 한 발짝 뒤로 물러섰다. 그러고는 팔짱을 낀 채 나를 노려보았다. 나도 지지 않고 눈싸움을 했다. 남자는 결국 눈을 내리깔더니 슬금슬금 내 건너편에 앉아 있는 중년 여성에게로 다가가 같은 질문을 반복했다. 중년 여자가 자신은 벌써 주님을 영접했다고 말하자 남자는 또다른 표적을 찾아 떠났

다. 텔레비전에서는 브라질과 어느 아프리카 국가와의 축구경
기가 한창이었다. ■

작가의 말

　작가로서 지고의 기쁨은 책상 앞에 앉아 소설을 쓰는 동안 이미 맛본다. 그에 비하면 묶어서 내는 일은 무미건조한 결산의 절차 같은 것이다. 그러나 새로 재단한 종이에 단정하고 가지런하게 찍힌 활자들을 보게 될 때 나도 모르게 숙연해지는 것 또한 사실이다. 생각하지 않을 수 없는 것이다. 저 종이묶음에 내 인생이 있다는 것을.

　언젠가 호르헤 루이스 보르헤스는 햄릿이라는 인물이 비현실적이라는 한 독자의 질문에, "이보게, 젊은이. 햄릿은 지금 내 앞에 서 있는 자네보다 훨씬 더 살아 있네"라고 답했다고 한다. 이 대목을 읽다가 문득, 나라는 인간과 내 소설의 관계 역시 그와 비슷하지 않은가 돌아보게 되었다. 지금 책상 앞에 앉아 있는 나라는 존재는 어지러이 둔갑을 거듭하는 허깨비일지도 모른다. 그보다 더 "살아 있"는 것은 지금껏 내가 쓴 것들일 것이다.

그 책들이 풍랑에 흔들리는 조각배 같은 내 영혼을 저 수면 아래에서 단단히 붙들어주는 것을 느끼곤 한다.

『오빠가 돌아왔다』를 2004년에 냈으니 육 년 만의 소설집이다. 교정을 보면서 그간 나라는 인간이 어떻게 떠내려왔는지를 짚어볼 수 있었다. 청탁 없이 내킬 때 쓴 소설들이 대부분이어서일까. 모아 읽는 호흡이 그 어느 때보다 자연스럽고 막힘이 없었다. 내 마음에 조용히 깃든 이 내밀한 유쾌가 문장이라는 매개를 통해 독자들에게도 그대로 전해지기를 희망해본다.

2010년 7월
김영하

문학동네 소설집

무슨 일이 일어났는지는 아무도

ⓒ 김영하 2010

1판 1쇄 | 2010년 7월 21일
1판 3쇄 | 2010년 8월 16일

지은이 김영하
펴낸이 강병선
책임편집 조연주 | 편집 최유미 | 디자인 윤종윤 유현아
마케팅 장으뜸 서유경 정소영 | 온라인 마케팅 이상혁 한민아
제작 안정숙 서동관 김애진 정구현 | 제작처 영신사

펴낸곳 (주)문학동네
출판등록 1993년 10월 22일 제406-2003-000045호
주소 413-756 경기도 파주시 교하읍 문발리 파주출판도시 513-8
전자우편 editor@munhak.com | 대표전화 031)955-8888 | 팩스 031)955-8855
문의전화 031) 955-8890(마케팅) 031) 955-8864(편집)
문학동네카페 http://cafe.naver.com/mhdn

ISBN 978-89-546-1176-3 03810

www.munhak.com